Espacios literarios

Formas de volver a casa

Alejandro Zambra

Cornelsen

Espacios literarios **Formas de volver a casa**
Alejandro Zambra

Herausgeber: Wolfgang Steveker
Bearbeitung: Henning Peppel
Verlagsredaktion: Vicente Bernaschina Schürmann
Umschlaggestaltung: Werkstatt für Gebrauchsgrafik, Berlin
Layout und technische Umsetzung: Annika Preyhs für Buchgestaltung +, Berlin

Quellenverzeichnis:
Abbildungen: **Cover** shutterstock/finwal89
Texte: **S. 4** Alejandro Zambra, Formas de volver a casa © 2011 Alejandro Zambra/Editorial
Anagrama, **S. 122** Spiegel Online 15.02.2016/Christoph Gunkel

Abkürzungen:

a/c	alguna cosa	lat.am.	latinoamericano	etw.	etwas
alg.	alguien	lit.	literario	jd.	jemand
chil.	chileno	loc.	locución	jdm.	jemandem
f.	femenino	m.	masculino	jdn.	jemanden
fam.	familiar	pey.	peyorativo	jds.	jemandes
fig.	figurado	pl.	plural		
ingl.	inglés	vulg.	vulgar		

www.cornelsen.de

Die Webseiten Dritter, deren Internetadressen in diesem Lehrwerk angegeben sind, wurden vor
Drucklegung sorgfältig geprüft. Der Verlag übernimmt keine Gewähr für die Aktualität und den
Inhalt dieser Seiten oder solcher, die mit ihnen verlinkt sind.

1. Auflage, 3. Druck 2018

© 2017 Cornelsen Verlag GmbH, Berlin

Das Werk und seine Teile sind urheberrechtlich geschützt.
Jede Nutzung in anderen als den gesetzlich zugelassenen Fällen bedarf der vorherigen schriftlichen
Einwilligung des Verlages. Hinweis zu §§ 60a, 60b UrhG: Weder das Werk noch seine Teile dürfen
ohne eine solche Einwilligung an Schulen oder in Unterrichts- und Lehrmedien (§ 60b Abs. 3 UrhG)
vervielfältigt, insbesondere kopiert oder eingescannt, verbreitet oder in ein Netzwerk eingestellt
oder sonst öffentlich zugänglich gemacht oder wiedergegeben werden.
Dies gilt auch für Intranets von Schulen.

Druck: AZ Druck und Datentechnik GmbH, Kempten

ISBN 978-306-121930-7

PEFC zertifiziert
Dieses Produkt stammt aus nachhaltig
bewirtschafteten Wäldern und kontrollierten
Quellen.

www.pefc.de

PEFC/04-31-2260

Formas de volver a casa

   5   I. Personajes secundarios

 33   II. La literatura de los padres

 62   III. La literatura de los hijos

101   IV. Estamos bien

Anexo

121   Opfer der Colonia Dignidad
       „Das waren wahnsinnige Schreie"

Para Andrea.

> Ahora sé caminar; no podré aprender nunca más.
> *W. BENJAMIN*

> En lugar de gritar, escribo libros.
> *R. GARY*

I. Personajes secundarios

Una vez me perdí. A los seis o siete años. Venía distraído[1] y de repente ya no vi a mis padres. Me asusté, pero enseguida retomé el camino y llegué a casa antes que ellos –seguían buscándome, desesperados, pero esa tarde pensé que se habían perdido. Que yo sabía regresar a casa y ellos no.

Tomaste otro camino, decía mi madre, después, con los ojos todavía llorosos.

Son ustedes los que tomaron otro camino, pensaba yo, pero no lo decía.

Mi papá miraba tranquilamente desde el sillón. A veces creo que siempre estuvo echado ahí, pensando. Pero tal vez no pensaba en nada. Tal vez sólo cerraba los ojos y recibía el presente con calma o resignación. Esa noche habló, sin embargo –esto es bueno, me dijo, superaste la adversidad[2]. Mi madre lo miraba con recelo[3] pero él seguía hilvanando un confuso discurso[4] sobre la adversidad.

Me recosté[5] en el sillón de enfrente y me hice el dormido. Los escuché pelear[6], al estilo de siempre. Ella decía cinco frases y él respondía con una sola palabra. A veces decía, cortante: no. A veces decía, al borde de un grito: mentira. Y a veces, incluso, como los policías: negativo.

Esa noche mi madre me cargó[7] hasta la cama y me dijo, tal vez sabiendo que fingía dormir, que la escuchaba con atención, con curiosidad: tu papá tiene razón. Ahora sabemos que no te perderás.

---

1 venir distraído/-a: *hier* abgelenkt sein, nicht aufpassen
2 la adversidad: *aquí* el problema
3 con recelo: argwöhnisch
4 hilvanar un confuso discurso: hablar sin lógica
5 recostarse: apoyarse
6 pelear: discutir
7 cargar a alg.: *aquí* llevar a alg.

Que sabes andar solo por las calles. Pero deberías concentrarte más en el camino. Deberías caminar más rápido.

Le hice caso[1]. Desde entonces caminé más rápido. De hecho, un par de años más tarde, la primera vez que hablé con Claudia, ella me preguntó por qué caminaba tan rápido. Llevaba días siguiéndome, espiándome[2]. Nos habíamos conocido hacía poco, la noche del terremoto, el 3 de marzo de 1985, pero entonces no habíamos hablado.

Claudia tenía doce años y yo nueve, por lo que nuestra amistad era imposible. Pero fuimos amigos o algo así. Conversábamos mucho. A veces pienso que escribo este libro solamente para recordar esas conversaciones.

La noche del terremoto tenía miedo pero también me gustaba, de alguna forma, lo que estaba sucediendo.

En el antejardín de una de las casas los adultos montaron dos carpas[3] para que durmiéramos los niños. Al comienzo fue un lío[4], porque todos queríamos dormir en la de estilo iglú, que entonces era una novedad, pero se la dieron a las niñas. Nos encerramos a pelear en silencio, que era lo que hacíamos cuando estábamos solos: golpearnos alegre y furiosamente. Pero al pelirrojo le sangró la nariz cuando recién[5] habíamos comenzado y tuvimos que buscar otro juego.

A alguien se le ocurrió hacer testamentos y en principio nos pareció una buena idea, pero al rato descubrimos que no tenía sentido, pues si venía[6] un terremoto más fuerte el mundo se acabaría y no habría nadie a quien dejar nuestras cosas. Luego imaginamos que la Tierra era como un perro sacudiéndose[7] y que las personas

---

1 hacerle caso a alg.: jdn. beachten, *hier* jds. Rat folgen
2 espiar a alg.: *ingl.* to spy someone
3 la carpa: *lat.am.* la tienda (de campaña)
4 el lío: Durcheinander
5 recién: gerade erst
6 si venía: *fam.* si viniera
7 sacudirse: sich schütteln

caían como pulgas[1] al espacio y pensamos tanto en esa imagen que nos dio risa y también nos dio sueño.

Pero yo no quería dormir. Estaba, como nunca, cansado, pero era un cansancio nuevo que enardecía[2] los ojos. Decidí que pasaría la noche en vela[3] y traté de colarme en el iglú para seguir conversando con las niñas, pero la hija del carabinero me echó diciendo que quería violarlas. Entonces yo no sabía bien lo que era un violador y sin embargo prometí que no quería violarlas, que sólo quería mirarlas, y ella rió burlonamente[4] y respondió que eso era lo que siempre decían los violadores. Tuve que quedarme fuera, escuchándolas jugar a que las muñecas eran las únicas sobrevivientes —remecían[5] a sus dueñas y rompían en llanto[6] al comprobar que estaban muertas, aunque una de ellas pensaba que era mejor porque la raza humana siempre le había parecido apestosa.[7] Al final se disputaban el poder y aunque la discusión parecía larga la resolvieron rápidamente, pues de todas las muñecas sólo había una barbie original. Ésa ganó.

Encontré una silla de playa entre los escombros[8] y me acerqué con timidez a la fogata de los adultos. Me parecía extraño ver a los vecinos, acaso por primera vez, reunidos. Pasaban el miedo con unos tragos de vino y miradas largas de complicidad. Alguien trajo una vieja mesa de madera y la puso al fuego, como si nada —si quieres echo también la guitarra, dijo mi padre, y todos rieron, incluso yo, que estaba un poco desconcertado, porque no era habitual que mi papá dijera bromas. En eso volvió Raúl, el vecino, con Magali y Clau-

---

1 la pulga: Floh
2 un cansancio que enardecía los ojos: *etwa* eine Müdigkeit, die in den Augen brannte
3 pasar la noche en vela: quedarse despierto/-a
4 reír burlonamente: höhnisch lachen
5 remecer a alg.: an jdn. rütteln
6 romper en llanto: echarse a llorar/-a
7 apestoso/-a: fastidioso
8 los escombros: Trümmer

dia. Ellas son mi hermana y mi sobrina, dijo. Después del terremoto había ido a buscarlas y regresaba[1] ahora, visiblemente aliviado[2].

Raúl era el único en la villa[3] que vivía solo. A mí me costaba entender que alguien viviera solo. Pensaba que estar solo era una especie de castigo o de enfermedad.

La mañana en que llegó con un colchón[4] amarrado[5] al techo de su Fiat 500, le pregunté a mi mamá cuándo vendría el resto de la familia y ella me respondió, dulcemente, que no todo el mundo tenía familia. Entonces pensé que debíamos ayudarlo, pero al tiempo entendí, con sorpresa, que a mis padres no les interesaba ayudar a Raúl, que no creían que fuera necesario, que incluso sentían una cierta reticencia[6] por ese hombre delgado y silencioso. Eramos vecinos, compartíamos un muro y una hilera de ligustrinas[7], pero nos separaba una distancia enorme.

En la villa se decía que Raúl era democratacristiano y eso me parecía interesante. Es difícil explicar ahora por qué a un niño de nueve años podía entonces parecerle interesante que alguien fuera democratacristiano. Tal vez crea que había alguna conexión entre el hecho de ser democratacristiano y la situación triste de vivir solo. Nunca había visto a mi papá hablar con Raúl, por eso me impresionó que esa noche compartieran unos cigarros. Pensé que hablaban sobre la soledad, que mi padre le daba al vecino consejos para superar la soledad, aunque debía saber más bien poco sobre la soledad.

Magali, en tanto, abrazaba a Claudia en un rincón alejado del grupo. Parecían incómodas. Por cortesía pero tal vez con algo de

---

1 regresar: *lat.am.* volver
2 aliviado/-a: erleichtert
3 la villa: *hier* Siedlung
4 el colchón: Matratze
5 amarrado/-a: atado/-a
6 la reticencia: Vorbehalt
7 la hilera de ligustrinas: Ligusterhecke

I. Personajes secundarios

insidia[1] una vecina le preguntó a Magali a qué se dedicaba y ella respondió de inmediato, como si esperara la pregunta, que era profesora de inglés.

Era ya muy tarde y me mandaron a acostar. Tuve que hacerme un espacio, a desgana[2], en la carpa. Temía quedarme dormido, pero me distraje escuchando esas voces perdidas en la noche. Entendí que Raúl había ido a dejar a las mujeres, porque empezaron a hablar de ellas. Alguien dijo que la niña era rara. A mí no me había parecido rara. Me había parecido bella.[3] Y la mujer, dijo mi madre, no tenía cara de profesora de inglés —tenía cara de dueña de casa nomás[4], agregó[5] otro vecino, y alargaron el chiste por un rato.

Yo pensé en la cara de una profesora de inglés, en cómo debía ser la cara de una profesora de inglés. Pensé en mi madre, en mi padre. Pensé: de qué tienen cara mis padres. Pero nuestros padres nunca tienen cara realmente. Nunca aprendemos a mirarlos bien.

Creía que pasaríamos semanas e incluso meses a la intemperie[6], a la espera de algún lejano camión con alimentos y frazadas[7], y hasta me imaginaba hablando por televisión, agradeciendo la ayuda a todos los chilenos, como en los temporales —pensaba en esas lluvias terribles de otros años, cuando no podía salir y era casi obligatorio quedarse frente a la pantalla mirando a la gente que lo había perdido todo.

Pero no fue así. La calma volvió casi de inmediato. En ese rincón perdido al oeste de Santiago el terremoto había sido nada más que un enorme susto.[8] Se derrumbaron[9] unas cuantas panderetas[10], pero

1 la insidia: Hinterlistigkeit
2 a desgana: widerwillig, lustlos
3 bello/-a: guapo/-a
4 nomás: *lat.am.* solo
5 agregar: añadir
6 a la intemperie: al aire libre
7 la frazada: *lat.am.* la manta
8 el susto: → asustarse por
9 derrumbarse: einstürzen
10 la pandereta: *aquí* el muro

no hubo grandes daños ni heridos ni muertos. La tele mostraba el puerto de San Antonio destruido y algunas calles que yo había visto o creía haber visto en los escasos viajes al centro de Santiago. Confusamente intuía que ése era el dolor verdadero.

Si había algo que aprender, no lo aprendimos. Ahora pienso que es bueno perder la confianza en el suelo, que es necesario saber que de un momento a otro todo puede venirse abajo. Pero entonces volvimos, sin más, a la vida de siempre.

Papa comprobó[1], satisfecho, que los daños eran pocos: nada más que algunas grietas[2] en las paredes y un ventanal trizado. Mi mamá solamente lamentó la pérdida de los vasos zodiacales[3]. Se quebraron ocho, incluidos el de ella (piscis[4]), el de mi papá (leo) y el que usaba la abuela cuando venía a vernos (escorpión) —no hay problema, tenemos otros vasos, no necesitamos más, dijo mi padre, y ella le respondió sin mirarlo, mirándome a mí: sólo el tuyo se salvó. Enseguida fue a buscar el vaso del signo libra[5], me lo dio con un gesto solemne[6] y pasó los días siguientes un poco deprimida, pensando en regalar los demás vasos a gente géminis[7], a gente virgo, a gente acuario[8].

La buena noticia era que no volveríamos pronto al colegio. El antiguo edificio había sufrido daños importantes y quienes lo habían visto decían que era un montón de ruinas. Me costaba imaginar el colegio destruido, aunque no era tristeza lo que sentía. Sentía simplemente curiosidad. Recordaba, en especial, el sitio baldío[9] al final del terreno donde jugábamos en las horas libres y el muro que rayaban[10] los alumnos de la media. Pensaba en todos esos men-

1   comprobar (o→ue): constatar
2   la grieta: Riss
3   el vaso zodiacal: *etwa* Sternzeichenglas
4   Piscis: Fische (Astrologie)
5   Libra: Waage (Astrologie)
6   solemne: feierlich
7   Géminis: Zwillinge (Astrologie)
8   Acuario: Wassermann (Astrologie)
9   el sitio baldío: *etwa* verlassene Gelände
10 rayar: *etwa* beschriften

sajes volando en pedazos[1], esparcidos en la ceniza del suelo[2] —recados burlescos[3], frases a favor o en contra de Colo-Colo[4] o a favor o en contra de Pinochet[5]. Me divertía mucho una frase en especial: A Pinochet le gusta el pico[6].

Entonces yo estaba y siempre he estado y siempre estaré a favor de Colo-Colo. En cuanto a Pinochet, para mí era un personaje de la televisión que conducía un programa sin horario fijo, y lo odiaba por eso, por las aburridas cadenas nacionales que interrumpían la programación en las mejores partes. Tiempo después lo odié por hijo de puta, por asesino, pero entonces lo odiaba solamente por esos intempestivos[7] shows que mi papá miraba sin decir palabra, sin regalar[8] más gestos que una piteada más intensa al cigarro[9] que llevaba siempre cosido a la boca.

El padre del pelirrojo viajó, por entonces, a Miami, y regresó con un bate[10] y un guante de béisbol para su hijo. El regalo produjo un inesperado quiebre[11] en nuestras costumbres. Durante unos días cambiamos el fútbol por ese deporte lento y un poco estúpido que sin embargo hipnotizaba a mis amigos. La nuestra debía ser la única plaza en el país donde los niños jugaban béisbol en vez de fútbol. Me costaba mucho darle a la bola[12] o lanzarla[13] bien, por lo que rápidamente pasé a la reserva. El pelirrojo se volvió popular y fue así como, por culpa del béisbol, me quedé sin amigos.

1 volar en pedazos: *etwa* in Trümmern
2 esparcidos en la ceniza del suelo: über die Asche auf dem Boden verteilt
3 el recado burlesco: frases cómicas
4 Colo-Colo: equipo de fútbol de Santiago de Chile.
5 Augusto Pinochet (*25 de noviembre de 1915; †10 de diciembre de 2006): general y dictador chileno que gobernó Chile desde 1973 hasta 1990.
6 el pico: *chil. vulg.* Schwanz
7 intempestivo/-a: ungelegen
8 regalar: *aquí* hacer
9 una piteada más intensa al cigarro: *etwa* er zog fester an der Zigarette
10 el bate: *hier* Schläger
11 el quiebre: una ruptura
12 darle a la bola: den Ball treffen
13 lanzar: werfen

Por las tardes, resignado a la soledad, salía, como se dice, a cansarme: caminaba ensayando[1] trayectos cada vez más largos, aunque casi siempre respetaba una cierta geometría de círculos. Apuraba los trazos[2], las cuadras[3], apuntando nuevos paisajes[4], a pesar de que el mundo no variaba demasiado: las mismas casas nuevas, construidas de repente, como obedeciendo a una urgencia, y sin embargo sólidas, resistentes. En pocas semanas la mayoría de los muros habían sido restaurados y reforzados. Era difícil sospechar que acababa de ocurrir un terremoto.

Ahora no entiendo bien la libertad de que entonces gozábamos[5]. Vivíamos en una dictadura, se hablaba de crímenes y atentados, de estado de sitio[6] y toque de queda[7], y sin embargo nada me impedía pasar el día vagando[8] lejos de casa. ¿Las calles de Maipú no eran, entonces, peligrosas? De noche sí, y de día también, pero con arrogancia o con inocencia, o con una mezcla de arrogancia e inocencia, los adultos jugaban a ignorar[9] el peligro: jugaban a pensar que el descontento era cosa de pobres y el poder asunto de ricos, y nadie era pobre ni era rico, al menos no todavía, en esas calles, entonces.

Una de esas tardes me encontré con la sobrina de Raúl, pero no supe si debía saludarla, y volví a verla los días siguientes. No me di cuenta de que ella, en verdad, me seguía —es que me gusta caminar rápido, respondí cuando me habló, y luego vino un silencio largo que ella rompió preguntándome si estaba perdido. Le respondí que no, que sabía perfectamente regresar a casa. Era una broma, quiero

1 ensayar: *etwa* erkunden
2 apurar los trazos: *etwa* Routen abstecken
3 la cuadra: *lat.am.* manzana de casas
4 apuntar nuevos paisajes: *etwa* Neuland kartographieren
5 gozar: disfrutar
6 el estado de sitio: Ausnahmezustand
7 el toque de queda: Ausgangssperre
8 vagar: herumstreifen
9 jugar a hacer a/c: fingir a/c

hablar contigo, juntémonos el próximo lunes, a las cinco, en la pastelería[1] del supermercado —lo dijo así, en una sola frase, y se fue.

→ *Tareas A*

Al día siguiente me despertaron temprano porque pasaríamos el fin de semana en el tranque[2] Lo Ovalle. Mi mamá no quería ir y demoraba[3] los preparativos confiando en que llegara pronto la hora del almuerzo y hubiera que cambiar de plan. Mi papá decidió, sin embargo, que almorzaríamos en un restorán, y partimos de inmediato. Entonces comer afuera era un verdadero lujo. Me fui pensando, en el asiento trasero[4] del Peugeot, en lo que ordenaría, y al final pedí un bistec a lo pobre[5] —mi papá me advirtió que era un plato muy grande, que no sería capaz de comerlo, pero en esas escasas salidas estaba permitido pedir sin limitaciones.

De pronto primó[6] ese clima pesado en que sólo es posible conversar sobre la tardanza[7] de la comida. La orden se demoraba tanto que mi papá decidió que nos marcharíamos en cuanto[8] llegaran los platos. Protesté o quise protestar o ahora pienso que debería haber protestado. Si vamos a irnos vámonos al tiro[9], dijo mi mamá con resignación, pero mi padre nos explicó que de ese modo los dueños del restorán perderían la comida, que era un acto de justicia, de venganza.

Seguimos el viaje malhumorados y hambrientos. A mí no me gustaba, en realidad, ir al tranque. No me permitían alejarme demasiado y me aburría montones, pero igual intentaba entretenerme

1 la pastelería: Konditorei
2 el tranque: *chil.* Stausee
3 demorar: *hier* hinauszögern
4 el asiento trasero: Rücksitz
5 el bistec a lo pobre: un plato de Chile con huevos, patatas fritas, cebollas y carne de vacuno a la plancha
6 primar: vorherrschen
7 la tardanza: Verspätung
8 en cuanto: cuando
9 al tiro: *chil.* enseguida

nadando un rato, huyendo de los ratones que vivían entre las rocas, mirando a los gusanos comerse el aserrín[1] y a los peces agonizar[2] en la orilla. Mi papá se instalaba todo el día a pescar y mi mamá pasaba el día mirándolo y yo veía a mi padre pescar y a mi madre mirarlo y me costaba muchísimo entender que eso fuera para ellos divertido.

La mañana del domingo me hice el resfriado porque quería dormir un poco más. Se fueron a las rocas después de darme innumerables recomendaciones. Al poco tiempo me levanté y puse el equipo para escuchar a Raphael mientras preparaba el desayuno. Era un cassette con sus mejores canciones que mi mamá había grabado de la radio. Desgraciadamente en un descuido apreté[3] Rec durante unos segundos. Arruiné la cinta justo en el estribillo[4] de la canción «Qué sabe nadie».

Me desesperé. Después de pensarlo un poco, creí que la única solución era cantar encima del coro, y me puse a practicar la frase impostando[5] la voz de forma que me pareció convincente. Finalmente me decidí a grabar y escuché la cinta varias veces, creyendo, con indulgencia[6], que el resultado era adecuado, aunque me preocupaba la falta de música en esos segundos.

Mi padre retaba[7] pero no golpeaba. Nunca me pegó, no era su estilo, prefería la grandilocuencia[8] de algunas frases que al comienzo impresionaban, pues las decía con absoluta seriedad, como actuando en el capítulo final de una teleserie: me has decepcionado como hijo, nunca te voy a perdonar lo que acabas de hacer, tu comportamiento es inaceptable, etcétera.

Yo alimentaba, sin embargo, la ilusión de que alguna vez me golpearía hasta casi matarme. Un recuerdo habitual de infancia es la

---

1 el aserrín: Sägemehl
2 agonizar: *etwa* mit dem Tod kämpfen
3 apretar (e→ie): drücken
4 el estrebillo: Refrain
5 impostar la voz: *etwa* die Stimme verstellen
6 la indulgencia: Nachsicht
7 retar a alg.: jdn. ausschimpfen
8 la grandilocuencia: *etwa* hochtrabende Ausdrucksweise

I. Personajes secundarios   15

inminencia[1] de esa paliza[2] que nunca llegó. El viaje de vuelta fue, por eso, angustioso[3]. Apenas partimos de regreso a Santiago dije que estaba cansado de Raphael, que mejor escucháramos a Adamo o a José Luis Rodríguez. Pensé que Raphael te gustaba, respondió mi mamá. Son mejores las letras de Adamo, dije, pero el resultado se me fue de las manos, pues involuntariamente di lugar a una discusión sobre si Adamo era mejor que Raphael, en la que incluso se mencionó a Julio Iglesias, lo que era a todas luces[4] absurdo, porque a nadie en la familia le gustaba Julio Iglesias.

Para demostrar la calidad vocal de Raphael, mi padre decidió poner la cinta y al llegar a «Qué sabe nadie» tuve que improvisar un desesperado plan B que consistía en cantar muy fuerte desde el comienzo de la canción, calculando que al llegar al estribillo mi voz sonaría más fuerte. Me retaron porque cantaba a gritos, pero no descubrieron la adulteración[5] de la cinta. Una vez en casa, sin embargo, cuando cavaba una pequeña fosa[6] junto al rosal para enterrar el cassette, me descubrieron. No tuve más remedio[7] que contarles toda la historia. Se rieron mucho y escucharon la canción varias veces.

Por la noche, sin embargo, aparecieron en mi pieza[8] para decirme que me castigarían con una semana sin salir. Por qué me castigan si se rieron tanto, pregunté, enojado[9]. Porque mentiste, dijo mi padre.

No pude, entonces, ir a la cita con Claudia, pero al final fue mejor, porque cuando le conté esta historia le dio tanta risa que pude

---

1 la inminencia: Bevorstehen
2 la paliza: Prügel
3 angustioso/-a: → la angustia
4 a todas luces: absolutamente
5 la adulteración: Verfälschung
6 cavar una fosa: einen Graben ausheben
7 no tuve otro remedio: no tuve otra opción
8 la pieza: *lat.am.* la habitación
9 enojado/-a: enfadado/-a

mirarla sin complejos, olvidando, de algún modo, el vínculo[1] extraño que comenzaba a unirnos.

Me cuesta recordar, sin embargo, las circunstancias en que volvimos a vernos. Según Claudia fue ella quien me buscó, pero yo recuerdo también haber vagado[2] largas horas esperando verla. Como sea, de pronto estuvimos caminando juntos de nuevo y me pidió que la acompañara a su casa. Doblamos[3] en varias esquinas e incluso ella, en mitad de un pasaje, me dijo que nos devolviéramos[4], como si no supiera dónde vivía.

Llegamos, finalmente, a una villa de sólo dos calles, el pasaje Neftalí Reyes Basoalto y el pasaje Lucila Godoy Alcayaga. Suena a broma, pero es verdad. Buena parte de las calles de Maipú tenían, tienen esos nombres absurdos: mis primos, por ejemplo, vivían en el pasaje Primera Sinfonía, contiguo[5] al Segunda y al Tercera Sinfonía, perpendiculares[6] a la calle El Concierto, y cercanos a los pasajes Opus Uno, Opus Dos, Opus Tres, etcétera. O el mismo pasaje donde yo vivía, Aladino, que daba a[7] Odín y Ramayana y era paralelo a Lemuria —se ve que a fines de los setenta había gente que se divertía mucho eligiendo los nombres de los pasajes donde luego viviríamos las nuevas familias, las familias sin historia, dispuestas o tal vez resignadas a habitar[8] ese mundo de fantasía.

Vivo en la villa de los nombres reales, dijo Claudia esa tarde del reencuentro, mirándome a los ojos seriamente. Vivo en la villa de los nombres reales, dijo de nuevo, como si necesitara recomenzar la frase para continuarla: Lucila Godoy Alcayaga es el verdadero nombre de Gabriela Mistral, explicó, y Neftalí Reyes Basoalto el nombre

---

1 el vínculo: Verbindung
2 vagar: herumstreichen
3 doblar: abbiegen
4 devolverse (o→ue): *lat.am.* volver
5 contiguo/-a: angrenzend
6 perpendiculares a la calle El Concierto: *hier* abgehend von der Calle El Concierto
7 dar a: in etw. führen
8 habitar: vivir

real de Pablo Neruda. Sobrevino[1] un silencio largo que rompí diciéndole lo primero que se me ocurrió: vivir aquí debe ser mucho mejor que vivir en el pasaje Aladino.

Mientras decía esa frase tonta con lentitud, pude ver sus espinillas[2], su cara blanca y rojiza, sus hombros puntudos[3], el lugar donde debían estar los pechos[4] pero de momento no había nada, y su pelo que no iba a la moda pues no era corto, ondulado[5] y castaño sino largo, liso y negro.

Llevábamos un rato conversando junto a la reja[6] cuando ella me invitó a pasar. No me lo esperaba, porque entonces nadie esperaba eso. Cada casa era una especie de fortaleza en miniatura, un reducto[7] inexpugnable[8]. Yo mismo no podía invitar a amigos, porque mi mamá siempre decía que estaba todo sucio. No era verdad, porque la casa relucía[9], pero yo pensaba que tal vez había cierto tipo de suciedad que simplemente yo no distinguía, que cuando grande quizás vería capas de polvo donde ahora no veía más que el piso encerado[10] y maderas lustrosas[11].

La casa de Claudia se parecía bastante a la mía: los mismos horrendos[12] cisnes de rafia[13], dos o tres sombreros mexicanos, varias minúsculas vasijas de greda[14] y paños tejidos a crochet[15]. Lo primero

1 sobrevenir (e→ie): aufkommen
2 la espinilla: el grano
3 puntudo/-a: spitz
4 el pecho: Brust
5 ondulado/-a: gewellt
6 la reja: Zaun
7 el reducto: Bollwerk
8 inexpugnable: inconquistable
9 relucir: *aquí* era muy limpia
10 encerado/-a: gebohnert
11 lustroso/-a: glänzend
12 horrendo/-a: horroroso
13 el cisne de rafia: Bastschwan
14 varias minúsculas vasijas de greda: winzige kleine Tonkrüge
15 paños tejidos a crochet: *etwa* gehäkelte Deckchen

que hice fue pedirle el baño y descubrí, con asombro[1], que en esa casa había dos baños. Nunca antes había estado en una casa donde hubiera dos baños. Mi idea de la riqueza era justamente ésa: imaginaba que los millonarios tenían casas con tres baños, con cinco baños, incluso.

Claudia me dijo que no estaba segura de que a su madre le agradara[2] verme allí y le pregunté si era por el polvo. Ella al comienzo no entendió pero escuchó mi explicación y entonces prefirió responderme que sí, que a su madre tampoco le gustaba que invitara a sus amigos porque pensaba que la casa estaba siempre sucia. Le pregunté, entonces, sin pensarlo demasiado, por su padre. Mi papá no vive con nosotras, dijo. Están separados, él vive en otra ciudad. Le pregunté si lo echaba de menos. Claro que sí, me dijo. Es mi papá.

En mi curso había solamente un hijo de padres separados, lo que para mí era un estigma, la situación más triste imaginable. Tal vez vuelven a vivir juntos alguna vez, le dije, para consolarla. Puede ser, dijo ella. Pero no tengo ganas de hablar de eso. Quiero que hablemos de otra cosa.

Se quitó las sandalias, fue a la cocina y volvió con una fuente con racimos[3] de uva negra, verde y rosada, lo que me pareció extraño, pues en casa nunca compraban uva de tantas variedades. Aproveché para probarlas todas y mientras comparaba los sabores Claudia matizaba[4] el silencio con preguntas muy generales de cortesía. Necesito pedirte algo, dijo al fin, pero almorcemos primero. Si quieres te ayudo a preparar la comida, le ofrecí, aunque en mi vida había cocinado o ayudado a cocinar. Ya estamos almorzando, dijo Claudia, muy seria: estas uvas son el almuerzo.

Le costaba llegar al punto. De pronto parecía hablar con soltura[5], con naturalidad, pero también había en sus palabras un balbuceo[6]

1 con asombro: sorprendendemente
2 agradar: gustar
3 el racimo: *etwa* Rebe Weintrauben
4 matizar: *hier* überbrücken
5 con soltura: de forma relajada
6 el balbuceo: Stammeln

I. Personajes secundarios

que hacía difícil entenderla. Realmente quería quedarse callada. Ahora pienso que maldecía[1] que hubiera que hablar para que yo entendiera lo que quería pedirme.

Necesito que lo cuides, dijo de repente, olvidando toda estrategia.
¿A quién?
A mi tío. Necesito que lo cuides[2] —ya, respondí de inmediato, muy solvente[3], y en una décima de segundo imaginé que Raúl padecía[4] una enfermedad gravísima, una enfermedad tal vez más grave que la soledad, y que yo debía ser una especie de enfermero. Me vi paseando por la villa, ayudándolo con la silla de ruedas, bendecido[5] por esa conducta[6] solidaria. Pero no era eso lo que me pedía Claudia. Largó[7] la historia de una vez, mirándome fijo, y yo asentí rápido pero a destiempo[8] —asentí[9] demasiado rápido, como confiando en que más tarde comprendería realmente lo que Claudia me había pedido.

Lo que al cabo[10] entendí fue que Claudia y su madre no podían o no debían visitar a Raúl, al menos no con frecuencia. Es ahí donde entraba yo: tenía que vigilar[11] a Raúl —no cuidarlo sino estar pendiente[12] de sus actividades y anotar cada cosa que me pareciera sospechosa[13] en un cuaderno. Nos juntaríamos todos los jueves, a las cinco de la tarde, en el caprichoso[14] punto de encuentro que ella había decidido, la pastelería del supermercado, para entregarle a

1 maldecir a/c: verfluchen
2 cuidar a alg.: preocuparse de alg.
3 solvente: fiable
4 padecer: sufrir
5 bendecido/-a: *hier* gelobt
6 la conducta: el comportamiento
7 largar: *etwa* contar
8 a destiempo: ungelegen
9 asentir (e→ie): aprobar
10 al cabo: al final
11 vigilar a alg.: jdn. überwachen
12 estar pendiente de a/c: auf etw. aufpassen
13 sospechoso/-a: → sospechar de alg.
14 caprichoso/-a: willkürlich *(pey.)*

Claudia el informe y conversar un rato también de cualquier cosa, pues a mí me interesa mucho saber cómo estás, me dijo, y yo sonreí con una satisfacción en la que también respiraban el miedo y el deseo.

Empecé de inmediato a espiar a Raúl. Era un trabajo fácil y aburrido, o tal vez muy difícil, porque buscaba a ciegas[1]. A partir de[2] mis conversaciones con Claudia yo esperaba vagamente que aparecieran silenciosos hombres con lentes[3] oscuros, movilizándose en autos extraños, a medianoche, pero nada de eso sucedía en casa de Raúl. Su rutina no había cambiado: salía y regresaba a horas fijas, ateniéndose a los horarios de oficina, y saludaba con un rígido y amable gesto de cabeza que excluía toda posibilidad de diálogo. Yo no quería, en todo caso, hablarle. Solamente esperaba que hiciera algo anormal, algo que pudiera contarle a su sobrina.

Llegaba a tiempo e incluso adelantado[4] a las citas con Claudia, pero ella siempre estaba ahí, frente a la vitrina de los pasteles. Era como si pasara todo el día mirando esos pasteles. Parecía preocuparle que nos vieran juntos y por eso fingía cada vez que el encuentro era casual. Caminábamos por el supermercado mirando los productos con atención, como si realmente anduviéramos de compras, y salíamos apenas con un par de yogures que abríamos al final de una ruta zigzagueante que empezaba en la plaza y seguía por calles interiores hasta el Templo de Maipú. Sólo cuando nos sentábamos en las largas escaleras del Templo ella se sentía segura. Los pocos fieles[5] que a esa hora aparecían pasaban con la cabeza gacha[6], como adelantándose a los rezos[7] o a las confesiones.

---

1 buscar a ciegas: blind suchen
2 a partir de: desde
3 los lentes: las gafas
4 adelantado: zu früh
5 el fiel: el creyente
6 la cabeza gacha: *etwa* mit gebeugtem Haupt
7 el rezo: Gebet

Más de una vez quise saber por qué teníamos que escondernos y Claudia se limitaba a decirme que debíamos ser cuidadosos, que las cosas podían estropearse[1]. Desde luego[2] yo no sabía qué era aquello que podía estropearse, pero a esas alturas[3] ya estaba acostumbrado a las respuestas imprecisas.

Una tarde, sin embargo, llevado por un impulso, le dije que sabía la verdad: que sabía que los problemas de Raúl estaban relacionados con el hecho de que era democratacristiano, y a ella le salió una carcajada[4] larguísima, excesiva. Se arrepintió enseguida. Se acercó, puso sus manos ceremoniosamente[5] sobre mis hombros e incluso pensé que iba a besarme, pero no era eso, por supuesto —mi tío no es democratacristiano, me dijo, con voz tranquila y lenta.

Entonces le pregunté si era comunista y ella guardó un silencio pesado. No puedo decirte más, respondió al fin. No tiene importancia. No necesitas saberlo todo para hacer bien tu trabajo —decidió, de pronto, seguir por esa línea, y habló mucho y muy rápido: dijo que ella entendería si no quería ayudarla y que era mejor que dejáramos de vernos. Como le rogué[6] que siguiéramos, ella me pidió que en adelante[7] simplemente me concentrara en observar a Raúl.

Para mí un comunista era alguien que leía el diario y recibía en silencio las burlas[8] de los demás —pensaba en mi abuelo, el padre de mi padre, que siempre estaba leyendo el diario. Una vez le pregunté si lo leía entero y el viejo respondió que sí, que el diario había que leerlo entero.

Tenía también una escena violenta en la memoria, un diálogo, para las fiestas patrias, en casa de mis abuelos. Estaban ellos y sus

---

1 estropearse: *hier* scheitern
2 desde luego: por supuesto
3 a esas alturas: entretanto
4 la carcajada: la risa muy alta
5 ceremoniosamente: feierlich
6 rogar (o→ue): pedir
7 en adelante: en el futuro
8 recibir las burlas de alg.: Spott von jdm. bekommen

cinco hijos en la mesa principal y yo con mis primos en la mesa que llamaban del pellejo[1], cuando mi papá le dijo a mi abuelo, al final de una discusión, casi gritando, cállate tú, viejo comunista, y al principio todos guardaron silencio pero de a poco empezaron a reír. Incluso la abuela y mi mamá, y hasta uno de mis primos, que de seguro no entendía la situación, también rieron. No reían solamente sino que también repetían, en franco tono[2] de burla: viejo comunista.

Pensé que el abuelo también reiría; que era uno de esos momentos liberadores en que todo el mundo se entregaba a las carcajadas. Pero el viejo se mantuvo muy serio[3], en silencio. No dijo una palabra. Lo trataban mal y entonces yo no estaba seguro de que lo mereciera.

Años más tarde supe que no había sido un buen padre. Se pasó la vida jugándose[4] completo su sueldo de obrero y vivía del trabajo de su mujer, que vendía verduras y lavaba y cosía. Mi papá creció con la obligación de ir a buscarlo a los tugurios[5], de preguntar por él sabiendo que, en el mejor de los casos, lo encontraría abrazando el concho[6] de una botella.

→ *Tareas B*

Volvimos a clases y nos cambiaron a la profesora jefe, la señorita Carmen, lo que agradecí de todo corazón. Llevábamos tres años con ella, y ahora pienso que no era una mala persona, pero me odiaba. Me odiaba debido a la palabra aguja[7], que para ella no existía. Para ella la palabra correcta era ahuja. No sé muy bien por qué un día me acerqué con el diccionario y le demostré que estaba equivocada. Me

---

1 mesa del pellejo: *chil.* mesa separada para los niños o jóvenes
2 en franco tono: en tono abierto
3 mantenerse (e→ie) serio/-a: quedarse serio/-a
4 jugarse (u→ue): *aquí* gastar
5 el tugurio: *hier* Spelunke
6 el concho: *lat.am.* el resto
7 la aguja: Nadel

miró con pánico, tragó saliva[1] y asintió, pero a partir de entonces dejó de quererme y yo también a ella. No deberíamos odiar a la persona que nos enseñó, bien o mal, a leer. Pero yo la odiaba o más bien odiaba el hecho de que ella me odiara.

El profesor Morales, en cambio, me quiso desde un comienzo, y yo confié en él lo suficiente como para preguntarle una mañana, mientras caminábamos hacia el gimnasio para la clase de Educación Física, si era muy grave ser comunista.

Por qué me preguntas eso, me dijo. ¿Crees que yo soy comunista?

No, le dije. Estoy seguro de que usted no es comunista.

¿Y tú eres comunista?

Yo soy un niño, le dije.

Pero si tu papá fuera comunista tal vez tú también lo serías.

No lo creo, porque mi abuelo es comunista y mi papá no.

¿Y qué es tu papá?

Mi papá no es nada, respondí, con seguridad.

No es bueno que hables sobre estas cosas, me dijo después de mirarme un rato largo. Lo único que puedo decirte es que vivimos en un momento en que no es bueno hablar sobre estas cosas. Pero algún día podremos hablar de esto y de todo.

Cuando termine la dictadura, le dije, como completando una frase en un control de lectura.

Me miró riendo, me tocó el pelo con cariño. Empecemos con diez vueltas a la cancha[2], dijo en un grito, y me puse a trotar[3] muy lento mientras pensaba confusamente en Raúl.

Como teníamos que recuperar los días perdidos por el terremoto, la jornada de clases era larguísima. Regresaba a casa sólo media hora antes que Raúl, por lo que el espionaje se volvía peligrosamente

---

1 tragar saliva: schlucken
2 la cancha: el terreno de juego
3 trotar: traben

inútil. Decidí que debía entrar, que debía aventurarme[1] con más decisión, hacer mejor mi trabajo.

Una noche me pasé por la pandereta y caí sobre las ligustrinas. Me di un golpe terrible. Raúl salió enseguida, muy asustado. Al verme allí me ayudó y me dijo que no debía hacer eso, pero que entendía, que era su culpa. Me quedé tieso[2], sin saber de qué hablaba, pero enseguida volvió con una pelota de tenis. Si hubiera sabido que era tuya te la habría lanzado al antejardín, me dijo, y le di las gracias.

Al poco tiempo escuché, con nitidez[3], que Raúl hablaba con otro hombre. Las voces sonaban cercanas, debían estar en la pieza contigua a mi dormitorio. Nunca había ruidos en esa pieza, aunque yo solía[4], ya como rutina, pegar la oreja a un vaso y escuchar. Me era imposible entender lo que hablaban. Sí noté que hablaban poco. No era una conversación fluida. Era el tipo de conversación que se da entre gente que se conoce mucho o muy poco. Gente que está acostumbrada a convivir o que no se conoce.

A la mañana siguiente me levanté a las cinco y media y esperé con paciencia hasta comprobar que el visitante seguía allí. El Fiat 500 de Raúl arrancó[5] a la hora de siempre. Me encaramé temerariamente[6] en la ventana para comprobar que iba solo. Fingí un dolor de estómago y me dejaron quedarme en casa. Escuché en silencio un par de horas hasta que sentí las cañerías[7]. El hombre debía estar en la ducha. Decidí arriesgarme. Me vestí, tiré la pelota a la casa de Raúl y toqué el timbre varias veces, pero el hombre no salió. Me quedé esperando, ya sin llamar. Lo vi salir, enfilaba por[8] Odín, así que corrí por Aladino para dar la vuelta y encontrármelo de frente.

---

1 aventurarse: sich vorwagen
2 quedar tieso: *etwa* stocksteif stehen
3 con nitidez: claramente
4 soler (o→ue): hacer a/c normalmente
5 arrancar el coche: das Auto starten
6 encaramarse temerariamente: waghalsig hochklettern
7 la cañería: Wasserrohr
8 enfilar por: *aquí* ir por

Lo detuve y le dije que estaba perdido, que por favor me ayudara a volver a casa.

El hombre me miró conteniendo el fastidio[1], pero me acompañó. Cuando llegamos no hizo alusión[2] a que había pasado la noche en casa de Raúl. Le di las gracias y ya no tuve opción: le pregunté si conocía a Raúl y me respondió que era su primo, que vivía en Puerto Montt, que había alojado ahí porque tenía que hacer un trámite[3] en Santiago. Yo soy el vecino de Raúl, le dije. Hasta luego, vecino de Raúl, me dijo el hombre, y partió muy rápido, casi corriendo.

Es posible, dijo Claudia, para mi sorpresa, cuando le conté sobre la presencia de ese extraño. ¿Era posible que Raúl tuviera un primo en Puerto Montt? ¿No era ese primo, entonces, pariente de Claudia?

Es una familia muy grande la nuestra, dijo Claudia, y hay muchos tíos en el sur que no conozco. Cambió de tema serenamente[4].

Hubo otros cinco hombres en los meses siguientes en casa de Raúl y cada vez Claudia se mostró impasible[5] ante la noticia. Pero su reacción fue muy distinta cuando le conté que había alojado allí una mujer, y no una noche, como era habitual, sino dos noches seguidas. Tal vez también viene del sur, le dije. Puede ser, me respondió, pero era evidente que estaba sorprendida, e incluso enojada.

Puede ser una polola[6]. Quizás Raúl ya no está solo, dije.

Sí, respondió ella, al rato. Raúl es soltero, puede perfectamente tener una polola.

De todas maneras, me pidió, quiero que averigües[7] todo lo que puedas sobre esa posible polola.

---

1 conteniendo el fastidio: *etwa* den Ärger zurückhalten
2 hacer alusión a a/c: auf etw. anspielen
3 el trámite: Formalität
4 serenamente: tranquilamente
5 impasible: indiferente
6 la polola: *chil.* novia
7 averiguar: descubrir

Me pareció que hacía esfuerzos por no llorar. Me quedé mirándola de cerca, hasta que ella se puso de pie. Entremos al Templo[1], me dijo. Mojó[2] sus dedos en la fuente de agua bendita[3] para refrescarse la cara. Nos quedamos de pie junto a unos enormes candelabros[4] de los que caía la esperma[5] de las velas nuevas o ya a punto de consumirse que solía llevar la gente para pedir milagros. Claudia puso las manos encima de las llamas, como si hiciera frío, untó las yemas[6] en la cera[7] e hizo gestos divertidos para persignarse[8] con los dedos manchados[9]. No sabía persignarse. Yo le enseñé.

Nos sentamos en el primer banco. Yo miraba con obediencia[10] hacia el altar, mientras que Claudia se fijaba en los costados[11] y reconocía una a una las banderas que flanqueaban[12] a la Virgen del Carmen. Me preguntó si sabía por qué estaban allí esas banderas. Son las banderas de América, le dije. Sí, pero por qué están aquí. No lo sé, le respondí.

Me tomó la mano y me dijo que la bandera más linda[13] era la de Argentina. Cuál es la más linda para ti, me preguntó, y yo iba a decirle que la de Estados Unidos pero por suerte guardé silencio, pues enseguida dijo que la bandera de Estados Unidos era la más fea, una bandera en verdad horrible, y yo agregué que estaba de acuerdo, que la bandera de Estados Unidos era realmente asquerosa[14].

---

1 el Templo: *aquí* la iglesia
2 mojar: anfeuchten, *hier* tauchen
3 la fuente de agua bendita: Weihwasserbecken
4 el candelabro: Kerzenständer
5 la esperma: *hier* Wachs
6 untar las yemas: die Fingerspitzen eintauchen
7 la cera: Wachs
8 persignarse: sich bekreuzigen
9 manchado/-a: befleckt
10 con obediencia: gehorsam
11 el costado: Seite
12 flanquear: rodear
13 lindo/-a: *lat.am.* bonito/-a
14 asqueroso/-a: *aquí* muy feo/-a

Durante semanas esperé, sin suerte, que la mujer volviera. Apareció, por fin, una mañana de sábado. Era una niña, en realidad. Calculé que tenía más o menos dieciocho años. Era difícil que fuera la novia de Raúl.

Pasé horas intentando escuchar lo que ella y Raúl conversaban, pero cambiaban apenas algunas frases que no conseguí distinguir. Pensé que se quedaría a alojar, pero se fue esa misma tarde. La seguí, absurdamente camuflado[1] con un jockey[2] rojo. La mujer caminaba a paso rápido hacia el paradero[3] y una vez allí, a su lado, quise hablarle, pero no me salió la voz.

La micro[4] se detuvo y tuve que decidir, en cosa de segundos, si yo también subiría. Entonces ya viajaba solo en micro, pero sólo el trayecto corto, de diez minutos, al colegio. Subí y viajé durante un tiempo larguísimo, una hora y media de temerario recorrido[5], clavado[6] en el asiento inmediatamente posterior al de ella.

Nunca había ido tan lejos de casa y la impresión poderosa que me produjo la ciudad es de alguna forma la que de vez en cuando[7] resurge[8]: un espacio sin forma, abierto pero también clausurado[9], con plazas imprecisas y casi siempre vacías, con gente caminando por veredas[10] estrechas, concentrados en el suelo con una especie de sordo fervor[11], como si únicamente pudieran desplazarse[12] a lo largo de un esforzado anonimato.

La noche caía sobre ese cuello prohibido que yo miraba cada vez más concentrado, como si fijar la vista me liberara de la fuga;

---

1 camuflado/-a: getarnt
2 el jockey *(ingl.):* Baseballmütze
3 el paradero: la parada
4 la micro: *chil.* el autobús
5 el recorrido: el trayecto
6 clavado/-a: *hier* angewurzelt
7 de vez en cuando: a veces
8 resurgir: reaparecer
9 clausurado/-a: cerrado/-a
10 la vereda: *lat.am.* la acera
11 una especie de sordo fervor: *etwa* eine Art dumpfer Hingabe
12 desplazarse: moverse

como si mirar intensamente me protegiera. A esas alturas la micro comenzaba a llenarse y una señora me miró con la intención de que le cediera[1] el asiento, pero no podía arriesgarme a perder mi lugar. Decidí fingir los gestos de un niño con retraso mental, o lo que yo creía que eran los gestos de un niño con retraso mental, un niño que miraba embobado[2] hacia el frente, completamente absorto en un mundo imaginario.

La supuesta[3] novia de Raúl bajó de pronto y yo estuve a punto de quedarme arriba. Llegué con dificultad y a fuerza de codazos[4] a la puerta. Ella me esperó y me ayudó a bajar. Seguía moviéndome como un niño retrasado, aunque ella sabía muy bien que yo no era un niño retrasado sino el vecino de Raúl, que la había seguido, que parecía decidido a seguirla toda la tarde. No había en su mirada reprobación[5], sin embargo, sino una absoluta serenidad[6].

Me aventuré, con inútil prudencia, en un laberinto de calles que me parecían grandes y antiguas. De vez en cuando ella se daba la vuelta, me sonreía y apuraba el paso[7], como si se tratara de un juego y no de un asunto muy serio. De pronto trotó y luego se largó[8], sin más, a correr, y estuve a punto de perderla, pero vi, a lo lejos, que entraba a una especie de almacén[9]. Me subí a un árbol y esperé varios minutos a que por fin saliera y creyera que me había ido. Caminó entonces solamente media cuadra[10] hasta la que debía ser su casa. Esperé a que entrara y me acerqué. La reja era verde y la fachada azul y eso me llamó la atención, pues nunca antes había visto esa combinación de colores. Anoté la dirección en mi cuaderno, contento de haber llegado a un dato tan preciso.

1 ceder a/c a alg.: jdm. etw. überlassen
2 embobado/-a: *aquí* tonto/-a
3 supuesto/-a: vermeintlich
4 a fuerza de codazos: *hier* mit Ellenbogenstößen
5 la reprobación: Missbilligung
6 la serenidad: la tranquilidad
7 apurar el paso: andar más rápido
8 largarse a hacer a/c: echarse a hacer a/c
9 el almacén: la tienda
10 la cuadra: *lat.am.* la manzana de casas

Me costó muchísimo regresar a la calle donde debía tomar la micro de vuelta. Pero recordaba el nombre claramente: Tobalaba. Volví a casa a la una de la mañana y el miedo ni siquiera me permitió bosquejar[1] una explicación convincente. Mis padres habían ido a los carabineros[2] y el suceso había trascendido[3] entre los vecinos. Al final dije que me había quedado dormido en una plaza y que había despertado recién. Me creyeron y hasta tuve luego que ir a un médico para que revisara mis problemas de sueño.

Envalentonado[4] por mis hallazgos[5], acudí a[6] la cita del jueves con el firme propósito de contarle a Claudia todo lo que sabía sobre la supuesta novia de Raúl.

Pero las cosas sucedieron de otro modo. Claudia llegó a la cita atrasada y acompañada. Me presentó con un gesto amable a Esteban, un tipo de pelo largo y rubio. Me dijo que podía confiar en él, que estaba enterado[7] de todo. Me quedé de una pieza[8], muy molesto, sin atreverme a preguntarle si era su pololo o su primo o qué. Seguramente tenía diecisiete o dieciocho años: poco más que Claudia, mucho más que yo.

Esteban compró tres panes y un cuarto de mortadela en el supermercado. No fuimos al Templo. Nos quedamos en la plaza comiendo. El tipo hablaba poco pero aquella tarde yo hablé menos. No le conté a Claudia lo que había averiguado, tal vez a manera de venganza, pues no estaba preparado para lo que estaba sucediendo, no podía entender por qué alguien podía enterarse de lo que hacía con Claudia, por qué era lícito[9] que ella compartiera el secreto.

1 bosquejar a/c: planear a/c
2 el carabinero: *chil.* el policía
3 trascender (e→ie): *hier* herumsprechen
4 envalentonado/-a: *hier* beschwingt
5 el hallazgo: el descubrimiento
6 acudir a: ir a
7 estar enterado/-a de a/c: estar avisado/-a de a/c
8 quedarse de una pieza: die Sprache verschlagen
9 lícito/-a: ≠ prohibido/-a

Me porté como[1] el niño que era y falté a las citas siguientes. Pensé que eso debía hacer: olvidar a Claudia. Pero al cabo de unas semanas, sorpresivamente[2], recibí una carta de ella. Me citaba de urgencia, me pedía que fuera a verla a cualquier hora, me decía que no importaba si estaba su madre en casa.

Eran casi las nueve de la noche. Magali abrió la puerta y me preguntó el nombre, pero era evidente que ya lo sabía. Claudia me saludó efusivamente[3] y le dijo a su madre que yo era el vecino de Raúl y ella hizo gestos excesivos de alegría. Cómo has crecido, me dijo, no te reconocí. Seguro que fingían los diálogos de una presentación y las preguntas que la mujer me dirigía eran totalmente estudiadas. Medio aturdido por la situación, le pregunté si seguía siendo profesora de inglés, y ella respondió que sí, sonriendo, que no era fácil dejar de ser, de la noche a la mañana, profesora de inglés.

Le pedí a Claudia que me contara lo que había pasado: de qué manera habían cambiado las cosas como para que ahora mi presencia fuera natural. Es que las cosas están cambiando de a poco, me dijo ella: muy lentamente las cosas están cambiando. Ya no es necesario que espíes a Raúl, puedes venir a verme cuando quieras, pero ya no es necesario que hagas ningún informe, insistió, y no tuve más remedio que irme rumiando[4] un profundo desconcierto.

Fui una o dos veces más, pero volví a toparme con[5] Esteban. Nunca supe si era o no el pololo de Claudia, pero de todas maneras lo detestaba[6]. Y entonces dejé de ir y los días pasaron como una ventolera[7]. Durante meses o tal vez durante un año me olvidé de Claudia. Hasta que una mañana vi a Raúl cargando una camioneta blanca con decenas de cajas.

1 portarse como: sich verhalten wie
2 sorpresivamente: sorprendentemente
3 efusivamente: con mucha emoción
4 rumiar: *fam.* grübeln
5 toparse con: auf jdn. stoßen
6 detestar a alg.: odiar a alg.
7 Los días pasaron como una ventolera: *etwa* die Tage vergingen wie im Flug

Todo fue muy rápido. Me acerqué, le pregunté dónde iba, y él no respondió: me miró con un gesto neutro y evasivo[1]. Salí corriendo a la casa de Claudia. Quería avisarle y mientras corría descubrí que también quería que me perdonara. Pero Claudia ya no estaba. Se fueron hace unos días, dijo la vecina. No sé adonde, cómo voy a saberlo, dijo. A otra villa, supongo.

→ *Tareas C*

---

[1] evasivo/-a: ausweichend

Tarea continua:
A lo largo de la lectura de la novela, reúne toda la información que se da sobre la dictadura chilena y Augusto Pinochet.

Tareas A
1. Cuenta lo que pasa durante la noche del terremoto y poco después.
2. Examina la opinión de la gente en la villa sobre Rául.
3. ¿Qué impresión tiene el narrador de Raúl? Justifica tu respuesta con referencias textuales.
4. Imagina por qué la sobrina de Raúl, Claudia, quiere quedar con el narrador.

Tareas B
1. Presenta toda la información sobre la familia del protagonista y sobre Claudia y su familia en una tabla.
2. Imagina por qué Claudia le pide al protagonista que espíe a su tío Raúl.

Tareas C
1. Resume la trama del pasaje en torno al espionaje de Raúl.
2. Analiza la conversación entre el profesor Morales y el narrador.
3. Examina con referencias textuales la relación entre Claudia y el narrador.
4. Redacta un diálogo entre el narrador y sus padres en el que les cuenta los acontecimentos.

II. La literatura de los padres

Avanzo de a poco en la novela. Me paso el tiempo pensando en Claudia como si existiera, como si hubiera existido. Al comienzo dudaba incluso de su nombre. Pero es el nombre del noventa por ciento de las mujeres de mi generación. Es justo que se llame así. No me cansa[1] el sonido, tampoco. Claudia.

Me gusta mucho que mis personajes no tengan apellidos. Es un alivio.[2]

*

Un día de éstos esta casa ya no va a recibirme. Quería habitarla de nuevo, ordenar los libros, cambiar los muebles de lugar, arreglar un poco el jardín. Nada de eso ha sido posible. Pero me ayudan, ahora, varios dedos de mezcal[3].

Por la tarde hablé, por segunda vez en mucho tiempo, con Eme. Preguntamos por los amigos en común, y luego, a más de un año de la separación, hablamos de los libros que se llevó o que olvidó sin querer. Me pareció doloroso repasar, de manera tan civilizada, el listado de pérdidas, pero al final incluso me animé a pedirle de vuelta[4] los libros de Hebe Uhart y de Josefina Vicens que tanto echo de menos. Los leí, me dijo. Por un segundo pensé que mentía, a pesar de que nunca mintió sobre esas cosas, nunca mintió sobre nada, en realidad. Nuestro problema fue justamente ése, que no mentíamos. Fracasamos[5] por el deseo de ser honestos siempre.

---

1 no me cansa el sonido: *aquí* no me molesta el sonido
2 es un alivio: *etwa* es erleichtert die Dinge
3 el mezcal: alcohol hecho de agaves
4 pedir de vuelta: zurückverlangen
5 fracasar: ≠ tener éxito

Luego me contó sobre la casa en la que vive —una casona[1], en realidad, a unas veinte cuadras de aquí, que comparte con dos amigas. No las conoces, me dijo, y en realidad no son verdaderas amigas, pero hacemos un buen grupo: mujeres de treinta hablando alegremente sobre sus frustraciones. Le dije que podía ir a verla y llevarle los libros que necesitaba. Me respondió que no. Prefiero ir yo, un día de éstos, después de Navidad. Así me das un té y conversamos, dijo.

Desde que nos separamos, agregó de repente, forzando o buscando un tono natural —desde que nos separamos me he acostado con dos hombres. Yo no he estado con ninguno, le respondí, bromeando. Entonces no has cambiado tanto, me dijo, riendo. Pero he estado con dos mujeres, le dije. La verdad es que ha sido sólo una. Le mentí, tal vez para empatar[2]. Y sin embargo no pude seguir el juego. La sola idea de imaginarte con alguien más me resulta intolerable, le dije, y nos costó, después, rellenar ese silencio.

Recuerdo cuando se fue. Se supone que es el hombre el que se va de la casa. Mientras ella lloraba y empacaba[3] sus cosas lo único que atiné a decirle[4] fue esa frase absurda: se supone que es el hombre el que se va de la casa. De alguna manera siento, todavía, que este espacio es suyo. Por eso me cuesta tanto vivir aquí.

Volver a hablar con ella fue bueno y tal vez necesario. Le conté sobre la novela nueva. Le dije que al comienzo avanzaba a pulso seguro[5], pero que de a poco había perdido el ritmo o la precisión. Por qué no la escribes de una vez, me aconsejó, como si no me conociera, como si no hubiera estado conmigo a lo largo de tantas noches de escritura. No lo sé, le respondí. Y en verdad no lo sé.

Lo que pasa, Eme, pienso ahora, un poquito borracho, es que espero una voz. Una voz que no es la mía. Una voz antigua, novelesca, firme.

---

1 la casona: una casa muy grande
2 empatar: ausgleichen
3 empacar: hacer el equipaje, guardar a/c
4 lo único que atiné a decirle: das einzige, das mir einfiel
5 a pulso seguro: *etwa* mit sicherer Hand

O es que me gusta estar en el libro. Es que prefiero escribir a haber escrito. Prefiero permanecer, habitar ese tiempo, convivir con esos años, perseguir largamente imágenes esquivas[1] y repasarlas con cuidado. Verlas mal, pero verlas. Quedarme ahí, mirando.

*

Como era de esperar, pasé todo el día pensando en Eme. Gracias a ella encontré la historia para esta novela. Debe haber sido hace cinco años[2], recién vivíamos en esta casa. Hablábamos, todavía en la cama, a mediodía, sobre anécdotas de infancia, como hacen los amantes que quieren saberlo todo, que rebuscan en la memoria historias antiguas para poder canjearlas[3], para que el otro también busque: para encontrarse en la ilusión de dominio, de entrega.

Ella tenía siete u ocho años, estaba en el patio, con otras niñas, jugando a las escondidas. Se hacía tarde, ya era hora de entrar a casa, los adultos las llamaban, las niñas respondían que ya iban —el tira y afloja[4] se hacía largo, los llamados eran cada vez más enérgicos, pero ellas reían y seguían jugando.

De pronto se dieron cuenta de que hacía rato habían dejado de llamarlas y era noche cerrada ya. Pensaron que estaban mirándolas, que querían darles una lección, que ahora los adultos jugaban a esconderse. Pero no. Al entrar a la casa Eme vio que los amigos de su padre lloraban y que su madre, clavada en el sillón, miraba hacia un lugar indefinido. Escuchaban las noticias en la radio. Hablaban de un allanamiento[5]. Hablaban de muertos, de más muertos.

Muchas veces pasó eso, me dijo Eme esa vez, hace cinco años. Los niños entendíamos, súbitamente[6], que no éramos tan impor-

---

1 esquivo/-a: scheu
2 debe haber sido hace cinco años: es muss um die fünf Jahre her sein
3 canjear: intercambiar
4 el tira y afloja: *hier* Hin und Her
5 el allanamiento: *lat.am.* Hausdurchsuchung
6 súbitamente: de pronto

tantes. Que había cosas insondables[1] y serias que no podíamos saber ni comprender.

La novela es la novela de los padres, pensé entonces, pienso ahora. Crecimos creyendo eso, que la novela era de los padres. Maldiciéndolos y también refugiándonos, aliviados, en esa penumbra[2]. Mientras los adultos mataban o eran muertos, nosotros hacíamos dibujos en un rincón. Mientras el país se caía a pedazos[3] nosotros aprendíamos a hablar, a caminar, a doblar las servilletas en forma de barcos, de aviones. Mientras la novela sucedía, nosotros jugábamos a escondernos, a desaparecer.

*

En lugar de escribir, pasé la mañana tomando cerveza y leyendo Madame Bovary. Ahora pienso que lo mejor que he hecho en estos años ha sido beber muchísima cerveza y releer algunos libros con devoción[4], con extraña fidelidad, como si en ellos latiera algo propio[5], alguna pista sobre el destino. Por lo demás, leer morosamente[6], echarse en la cama largas horas sin solucionar nunca la picazón[7] en los ojos, es la coartada[8] perfecta para esperar la llegada de la noche. Y eso espero, nada más: que la noche llegue pronto.

Todavía recuerdo la tarde en que la profesora se volvió a la pizarra y escribió las palabras prueba, próximo, viernes, Madame, Bovary, Gustave, Flaubert, francés. Con cada letra crecía el silencio y al final solamente se oía el triste chirrido[9] de la tiza.

---

1 insondable: unergründbar
2 la penumbra: la sombra
3 caer a pedazos: auseinanderbrechen
4 con devoción: mit Hingabe
5 como si en ellos latiera algo propio: *hier* als ob etwas Eigenes in ihnen schlagen würde
6 morosamente: *hier* träge
7 la picazón: Jucken
8 la coartada: Alibi
9 el chirrido: Quietschen

II. La literatura de los padres 37

Por entonces ya habíamos leído novelas largas, casi tan largas como Madame Bovary, pero esta vez el plazo[1] era imposible: teníamos menos de una semana para enfrentar una novela de cuatrocientas páginas. Comenzábamos a acostumbrarnos, sin embargo, a esas sorpresas: acabábamos de entrar al Instituto Nacional, teníamos once o doce años, y ya sabíamos que en adelante todos los libros serían largos.

Estoy seguro de que esos profesores no querían entusiasmarnos sino disuadirnos[2], alejarnos para siempre de los libros. No gastaban saliva hablando[3] sobre el placer de la lectura, tal vez porque ellos habían perdido ese placer o nunca lo habían sentido realmente. Se supone que eran buenos profesores, pero entonces ser bueno era poco más que saberse los manuales[4].

Al tiempo ya conocíamos los trucos[5], transmitidos de generación en generación. Se nos enseñaba a ser tramposos[6] y aprendíamos rápido. En todas las pruebas había un ítem de identificación de personajes, que incluía puros personajes secundarios: mientras menos relevante fuera el personaje era mayor la posibilidad de que nos preguntaran por él, así que memorizábamos los nombres con resignación y también con la alegría de cultivar[7] un puntaje seguro. Era importante saber que el joven cojo de los mandados[8] se llamaba Hipólito y la criada[9] Félicité y que el nombre de la hija de Emma era Berta Bovary.

Había cierta belleza en el gesto, pues entonces éramos justamente eso, personajes secundarios, centenares de niños que cruzaban la ciudad equilibrando apenas los bolsos de mezclilla[10]. Los veci-

1 el plazo: la fecha
2 disuadir a alg.: desanimar a alg.
3 gastar saliva hablando: *etwa* sich den Mund fusselig reden
4 el manual: el libro escolar
5 el truco: Trick
6 tramposo/-a: → la trampa
7 cultivar: *aquí* obtener
8 el joven cojo de los mandados: *etwa* der hinkende Laufbursche
9 la criada: Haushälterin
10 el bolso de mezclilla: Jeansranzen

nos del barrio tomaban el peso y hacían siempre la misma broma: parece que llevaras piedras en la mochila. El centro de Santiago nos recibía con bombas lacrimógenas[1], pero no llevábamos piedras sino ladrillos de Baldor o de Villee o de Flaubert.

Madame Bovary era una de las pocas novelas que había en casa, así que empecé a leerla esa misma noche, pero no tuve paciencia con las descripciones. La prosa de Flaubert simplemente me hacía cabecear[2]. Tuve que aplicar[3] el método de urgencia que me había enseñado mi padre: leer las dos primeras páginas y enseguida las dos últimas, y sólo entonces, sólo después de saber el comienzo y el final de la novela, seguir leyendo de corrido[4]. Si no alcanzas a terminar, al menos ya sabes quién era el asesino, decía mi padre, que al parecer sólo había leído libros en que había un asesino.

Entonces lo primero que supe de Madame Bovary fue que el niño tímido y alto del capítulo inicial finalmente moriría y que su hija terminaría de obrera en una fábrica de algodón[5]. Sobre el suicidio de Emma ya sabía, pues algunos padres alegaron[6] que el tema del suicidio era demasiado fuerte para niños de doce años, a lo que la profesora respondió que no, que el suicidio de una mujer acosada[7] por las deudas era un tema muy actual, perfectamente comprensible por niños de doce años.

No avancé mucho más en la lectura. Estudié un poco con los resúmenes que había hecho mi compañero de banco y el día anterior a la prueba encontré una copia de la película en el videoclub de Maipú. Mi mamá intentó oponerse a que la viera, pues pensaba que no era adecuada para mi edad, y yo también pensaba o más bien esperaba eso, porque Madame Bovary me sonaba a porno, todo lo francés me sonaba a porno.

1 la bomba lacrimógena: Tränengasbombe
2 cabecear: dormitar
3 aplicar: *ingl.* to apply
4 leyendo de corrido: *hier* zügig durchlesen
5 el agodón: Baumwolle
6 alegar: quejarse de a/c
7 acosado/-a: *hier* erdrückt

La película era, en este sentido, decepcionante[1], pero la vi dos veces y llené las hojas de oficio por lado y lado. Saqué un 3,6, sin embargo, de manera que durante algún tiempo asocié Madame Bovary a ese 3,6 y al nombre del director de la película, que la profesora escribió entre signos de exclamación junto a la mala nota: ¡Vincente Minnelli!

Busco, ahora, a Berta en la novela. Recordaba solamente el momento, en el capítulo cinco de la segunda parte, en que Emma mira a Berta y piensa, extrañada: «Mira que es fea esta niña.» Y la terrible escena de la muerte de Charles, cuando Berta piensa que su padre está jugando: «Creyendo que quería hacerle una broma, le dio un empujoncito[2]. Bovary cayó al suelo. Estaba muerto.»

Me gusta imaginar a Berta merodeando[3] por el patio mientras su madre está en cama, convaleciente[4] —Emma escucha, desde su cuarto, el ruido de un carruaje[5] y se acerca con esfuerzo a la ventana para mirar la calle ya desierta.

Me gusta pensar en Berta aprendiendo a leer. Primero es Emma quien intenta enseñarle. Después de su gran desilusión ha decidido volver a la vida y convertirse en una mujer entregada[6] a ocupaciones piadosas. Berta es todavía muy pequeña y de seguro no entiende las lecciones. Pero durante esos días o semanas o meses su madre tiene toda la paciencia del mundo: le enseña a su hija a leer y remienda ropa[7] para los pobres y hasta consulta obras religiosas.

Un tiempo después, Charles lleva a Berta a dar un paseo y trata de enseñarle a leer con un libro de medicina. Pero la niña no tiene el hábito del estudio, por lo que se entristece y se echa a llorar.

---

1 decepcionante: → la decepción
2 el empujón (*dim.* empujoncito): Stoß
3 merodear: herumstreichen
4 convaleciente: *aquí* enfermo/-a
5 el carruaje: Kutsche
6 una mujer entregada a ocupaciones piadosas: *hier* eine Frau, die sich frommen Tätigkeiten widmet.
7 remendar (e→ie) ropa: Kleidung nähen

    Hay un pasaje en que Charles piensa en el futuro de Berta y desde luego se equivoca mucho al imaginarla a los quince años, paseando en verano con un gran sombrero de paja[1], tan bella como su madre. Al verlas a lo lejos parecerían hermanas, piensa Charles, satisfecho.

*

Vino Eme, por fin. Me dio, como regalo de Navidad, un frasco de magnetos[2] con cientos de palabras en inglés. Armamos[3] juntos la primera frase, que resultó, de alguna manera, oportuna:

only love & noise

Me mostró sus dibujos recientes y sin embargo no aceptó que le leyera las primeras páginas de mi libro. Me miró con un gesto nuevo, un gesto que no puedo precisar.

    Es impresionante que el rostro[4] de una persona amada, el rostro de alguien con quien hemos vivido, a quien creemos conocer, tal vez el único rostro que seríamos capaces de describir, que hemos mirado durante años, desde una distancia mínima —es bello y en cierto modo terrible saber que incluso ese rostro puede liberar de pronto, imprevistamente[5], gestos nuevos. Gestos que nunca antes habíamos visto. Gestos que acaso nunca volveremos a ver.

*

Entonces no sabíamos los nombres de los árboles o de los pájaros. No era necesario. Vivíamos con pocas palabras y era posible responder a todas las preguntas diciendo: no lo sé. No creíamos que eso fuera ignorancia. Lo llamábamos honestidad. Luego aprendimos,

---

1   el sombrero de paja: Strohhut
2   el frasco de magnetos: ein Kasten Magnete
3   armar a/c: *hier* zusammenbauen
4   el rostro: la cara
5   imprevistamente: inesperadamente

de a poco, los matices[1]. Los nombres de los árboles, de los pájaros, de los ríos. Y decidimos que cualquier frase era mejor que el silencio. Pero estoy contra la nostalgia.

No, no es cierto. Me gustaría estar contra la nostalgia. Dondequiera que mire hay alguien renovando votos[2] con el pasado. Recordamos canciones que en realidad nunca nos gustaron, volvemos a ver a las primeras novias, a compañeros de curso que no nos simpatizaban, saludamos con los brazos abiertos a gente que repudiábamos[3].

Me asombra[4] la facilidad con que olvidamos lo que sentíamos, lo que queríamos. La rapidez con que asumimos[5] que ahora deseamos o sentimos algo distinto. Y a la vez queremos reírnos con las mismas bromas. Queremos, creemos ser de nuevo los niños bendecidos por la penumbra.

Estoy en esa trampa, en la novela. Ayer escribí la escena del reencuentro, casi veinte años después. Me gustó el resultado, pero a veces pienso que los personajes no deberían volver a verse. Que deberían pasar de largo muchas veces, caminar por las mismas calles, acaso hablar sin reconocerse, de un lado al otro del mostrador[6].

¿Realmente reconocemos a alguien veinte años después? ¿Reconocemos ahora, a partir de un indicio luminoso, los rasgos definitivos, irremediablemente[7] adultos, de una cara remota[8]? He pasado la tarde pensando en eso, decidiendo eso.

Me parece bello que no se encuentren. Seguir simplemente sus vidas, tan distintas, hasta el presente, y aproximarlas de a poco: dos trayectos paralelos que no llegan a juntarse. Pero esa novela debería

---

1 el matiz: Nuance, *aquí* la diferencia
2 renovar votos: *hier* Erinnerungen auffrischen
3 repudiar: ≠ gustar
4 asombrarse: extrañarse
5 asumir: *lat.am.* suponer
6 el mostrador: Theke
7 irremediablemente: unweigerlich
8 remoto/-a: lejano/-a

escribirla alguien más. A mí me gustaría leerla. Porque en la novela que quiero escribir ellos se encuentran. Necesito que se encuentren.

*

¿Se enamoran? ¿Es una historia de amor?

Eme pregunta y yo solamente sonrío. Llegó a media tarde, tomamos varias tazas de té y escuchamos un disco entero de The Kinks. Le pedí que me dejara leerle algunas páginas del manuscrito y de nuevo no quiso. Prefiero leerlas más adelante, me dijo. Estoy escribiendo sobre ti, la protagonista tiene mucho de ti, le dije, temerariamente. Con mayor razón, respondió, sonriendo: prefiero leerla más adelante. Pero me alegra muchísimo que hayas vuelto a escribir, agregó. Me gusta lo que te pasa cuando escribes. Escribir te hace bien, te protege.

¿Me protege de qué?

Las palabras te protegen. Buscas frases, buscas palabras, eso es súper bueno, dijo.

Luego me pidió más detalles sobre la historia. Le conté muy poco, lo mínimo. Al hablar sobre Claudia volví a dudar de su nombre.

Me preguntó después, medio en broma[1], si los personajes se quedan juntos para toda la vida. No pude evitar un asomo de molestia[2]. Le respondí que no: que vuelven a verse ya adultos y se enredan[3] unas semanas, tal vez algunos meses, pero que de ninguna manera se quedan juntos. Le dije que no podría ser así, que nunca es así —nunca es así en las novelas buenas, pero en las novelas malas todo es posible, dijo Eme, atándose el pelo[4] con nerviosismo y coquetería[5].

---

1 medio en broma: halb im Scherz
2 el asomo de molestia: Anflug von Ärger
3 enredarse: *hier* sich aufeinander einlassen
4 atarse el pelo: sich das Haar festbinden
5 la coquetería: Koketterie/Eitelkeit

Miré sus labios partidos, sus mejillas[1], sus pestañas[2] cortas. Parecía sumida[3] en un pensamiento profundo. Luego se fue. No quería que se fuera todavía. Pero se fue. Se ha tomado en serio la precaución[4]. Yo estoy de acuerdo. También creo que no es bueno que volvamos a vivir juntos, por ahora. Que necesitamos tiempo.

Intenté después seguir escribiendo. No sé muy bien por dónde avanzar. No quiero hablar de inocencia ni de culpa; quiero nada más que iluminar algunos rincones, los rincones donde estábamos. Pero no estoy seguro de poder hacerlo bien. Me siento demasiado cerca de lo que cuento. He abusado de[5] algunos recuerdos, he saqueado[6] la memoria, y también, en cierto modo, he inventado demasiado. Estoy de nuevo en blanco, como una caricatura del escritor que mira la pantalla[7] con impotencia.

No le dije a Eme lo mucho que me cuesta escribir sin ella. Recuerdo su cara de sueño, cuando me acercaba muy tarde para leerle apenas un párrafo o una frase. Ella escuchaba y asentía o bien opinaba[8], con precisión: eso no sería así, este personaje no respondería con esas palabras. Ese tipo de observaciones valiosas[9], esenciales.

Ahora voy a escribir con ella de nuevo, pienso. Y siento felicidad.

*

Caminé anoche durante horas. Era como si quisiera perderme por alguna calle nueva. Perderme absoluta y alegremente. Pero hay momentos en que no podemos, no sabemos perdernos. Aunque tomemos siempre las direcciones equivocadas. Aunque perdamos

1 la mejilla: Wange
2 la pestaña: Wimper
3 sumido/-a: eingetaucht
4 la precaución: Vorsicht
5 abusar de: *ingl.* to abuse
6 saquear: plündern
7 la pantalla: Bildschirm
8 opinar: *hier* ein Urteil abgeben
9 valioso/-a: de valor

todos los puntos de referencia. Aunque se haga tarde y sintamos el peso del amanecer mientras avanzamos. Hay temporadas en que por más que lo intentemos descubrimos que no sabemos, que no podemos perdernos. Y tal vez añoramos[1] el tiempo en que podíamos perdernos. El tiempo en que todas las calles eran nuevas.

Llevo varios días recordando el paisaje de Maipú, comparando la imagen de ese mundo de casas pareadas[2], ladrillo princesa[3] y suelo de flexit[4], con estas calles viejas donde vivo desde hace años, estas casas tan distintas las unas de las otras —el ladrillo fiscal, el parquet, la apariencia de estas calles nobles que no me pertenecen y que sin embargo recorro con familiaridad. Calles con nombres de personas, de lugares reales, de batallas perdidas y ganadas, y no esos pasajes de fantasía, ese mundo de mentira en que crecimos a la rápida.

*

Esta mañana vi, en un banco del Parque Intercomunal, a una mujer leyendo. Me senté enfrente para verle la cara y fue imposible. El libro absorbía[5] su mirada y por momentos creí que ella lo sabía. Que alzar[6] el libro de esa manera —a la estricta altura de los ojos, con ambas manos, con los codos[7] apoyados en una mesa imaginaria— era su forma de esconderse.

Vi su frente blanca y el pelo casi rubio, pero nunca sus ojos. El libro era su antifaz[8], su preciada[9] máscara.

---

1 añorar a/c: sich nach etw. sehnen
2 la casa pareada: Doppelhaus
3 el ladrillo princesa: *etwa* Klinker
4 el suelo de flexit: PVC-Boden
5 absorber: aufsaugen
6 alzar: levantar
7 el codo: Ellbogen
8 el antifaz: Augenmaske
9 preciado/-a: valioso/-a

II. La literatura de los padres   45

Sus dedos largos sostenían[1] el libro como ramas delgadas y vigorosas[2]. Me acerqué en un momento lo bastante como para mirar incluso sus uñas cortadas sin rigor, como si acabara de comérselas. Estoy seguro de que sentía mi presencia, pero no bajó el libro. Siguió sosteniéndolo como quien sostiene la mirada.
   Leer es cubrirse la cara, pensé.
   Leer es cubrirse la cara. Y escribir es mostrarla.

*

Hoy vi La batalla de Chile, el documental de Patricio Guzmán. Conocía nada más que unos fragmentos, sobre todo de la segunda parte, que pasaron alguna vez, en el colegio, ya en democracia. Recuerdo que el presidente del Centro de Alumnos comentaba las escenas y cada cierto tiempo detenía la cinta[3] para decirnos que ver esas imágenes era más importante que aprender las tablas de multiplicar.
   Entendíamos, por supuesto, lo que el dirigente quería decirnos, pero igual nos parecía raro el ejemplo, pues si estábamos en ese colegio era justamente porque desde hacía ya demasiados años sabíamos las tablas de multiplicar. Desde la última fila[4] del auditórium alguien interrumpió para preguntar si ver esas imágenes era más importante que aprender a dividir con decimales, y enseguida alguien preguntó si en lugar de memorizar la tabla periódica[5] podíamos mirar muchas veces esas imágenes tan importantes. Nadie rió, sin embargo. El dirigente no quiso responder, pero nos miró con una mezcla de tristeza e ironía. Entonces intervino un delegado y dijo: hay cosas sobre las que no se puede bromear. Si entienden eso, pueden quedarse en la sala.
   No recordaba o no había visto la larga secuencia de La batalla de Chile que tiene lugar en los campos de Maipú. Obreros y campesi-

1 sostener (e→ie) a/c: sujetar a/c
2 vigoroso/-a: fuerte
3 detener (e→ie) la cinta: das Band stoppen
4 la última fila: letzte Reihe
5 la tabla periódica: Periodensystem

nos defienden las tierras y discuten fuertemente con un representante del gobierno de Salvador Allende[1]. Pensé que ésas bien podían ser las tierras del pasaje Aladino. Las tierras en que luego aparecieron esas villas con nombres de fantasía donde vivimos las familias nuevas, sin historia, del Chile de Pinochet.

*

El colegio cambió mucho cuando volvió la democracia. Entonces yo acababa de cumplir trece años y empezaba tardíamente[2] a conocer a mis compañeros: hijos de gente asesinada, torturada y desaparecida. Hijos de victimarios[3], también. Niños ricos, pobres, buenos, malos. Ricos buenos, ricos malos, pobres buenos, pobres malos. Es absurdo ponerlo así, pero recuerdo haberlo pensado más o menos de esa manera. Recuerdo haber pensado, sin orgullo y sin autocompasión[4], que yo no era ni rico ni pobre, que no era bueno ni malo. Pero era difícil ser eso: ni bueno ni malo. Me parecía que eso era, en el fondo, ser malo.

Recuerdo a un profesor de Historia, uno que no me agradaba realmente, en tercero medio, a los dieciséis años. Una mañana tres ladrones que huían de la policía se refugiaron en los estacionamientos del colegio y los carabineros[5] los siguieron y lanzaron un par de tiros al aire. Nos asustamos, nos echamos al suelo, pero una vez pasado el peligro nos sorprendió ver que el profesor lloraba debajo de la mesa, con los ojos apretados y las manos en los oídos. Fuimos a buscar agua e intentamos que la bebiera pero al final tuvimos que echársela en la cara. Logró calmarse de a poco mientras le explicá-

---

1 Salvador Allende (*26 de junio de 1908; †11 de septiembre de 1973): médico y político socialista chileno. Presidente de Chile desde 1970 hasta 1973. Fue derrocado por un golpe militar en 1973 durante el cual se suicidió.
2 tardíamente: lentamente
3 el victimario: el asesino
4 la autocompasión: Selbstmitleid
5 el carabinero: *chil.* el policía

bamos que no, que no habían vuelto los milicos[1]. Que podía continuar la clase —no quiero estar aquí, nunca quise estar aquí, decía el profesor, gritando. Entonces se hizo un silencio completo, solidario. Un silencio bello y reparador[2].

Me encontré con el profesor días después, en un recreo. Le pregunté cómo estaba, y él agradeció el gesto. Se nota que sabes lo que yo viví, me dijo, en señal de complicidad. Claro que lo sabía, todos lo sabíamos; había sido torturado y su primo era detenido desaparecido. No creo en esta democracia, me dijo, Chile es y seguirá siendo un campo de batalla. Me preguntó si militaba[3], le dije que no. Me preguntó por mi familia, le dije que durante la dictadura mis padres se habían mantenido al margen[4]. El profesor me miró con curiosidad o con desprecio[5] —me miró con curiosidad pero sentí que en su mirada había también desprecio.

*

No escribí ni leí nada en Punta Arenas. Pasé la semana entera defendiéndome del clima y conversando con amigos nuevos. En el avión de vuelta me tocó viajar junto a dos señoras que me contaron en detalle sus vidas. Todo iba bien hasta que me preguntaron a qué me dedicaba. Nunca sé qué responder. Antes decía que era profesor, lo que generalmente me conducía a largos y confusos diálogos sobre la crisis de la educación en Chile. Por eso ahora digo que soy escritor, y cuando me preguntan qué clase de libros escribo, respondo, para evitarme una serie de explicaciones vacilantes[6], que escribo novelas de acción, lo que no es necesariamente mentira, pues en todas las novelas, incluso en las mías, pasan cosas.

---

1 el milico: *chil. fam.* Soldat
2 reparador: kräftigend *hier* heilsam
3 militar: participar activamente en un partido
4 mantener (e→ie) al margen: *etwa* sich raushalten
5 el desprecio: Verachtung
6 vacilante: *aquí* poco convincente

En vez de preguntarme qué clase de libros escribo, sin embargo, la mujer que iba a mi lado quiso saber cuál era mi seudónimo. Le respondí que no tenía seudónimo. Que desde hacía años los escritores ya no usaban seudónimos. Me miró con escepticismo y a partir de entonces su interés en mí fue decayendo[1]. Al despedirnos me dijo que no me preocupara, que tal vez pronto se me iba a ocurrir un buen seudónimo.

*

Hace un rato pasó a verme el poeta Rodrigo Olavarría. Nos conocemos poco pero nos une una especie de confianza previa y recíproca[2]. Me gusta que dé consejos. Ahora que lo pienso, hubo un tiempo en que todo el mundo daba consejos. La vida consistía en dar y recibir consejos. Pero de pronto nadie quiso más consejos. Era tarde, nos habíamos enamorado del fracaso, y las heridas eran trofeos, igual que cuando niños, después de jugar entre los árboles. Pero Rodrigo da consejos. Y los escucha, los pide. Está enamorado del fracaso, pero también, todavía, de esas formas antiguas y nobles de la amistad.

Pasamos la tarde escuchando a Bill Callahan y Emmy the Great. Fue divertido. Luego le conté el diálogo en el avión. Quedamos de juntarnos, una de estas tardes, a elegir seudónimos. Vas a ver que encontramos seudónimos excelentes, me dijo.

Rodrigo no recuerda exactamente cuándo vio La batalla de Chile por primera vez, pero conoce de memoria el documental, porque a mediados de los años ochenta, en Puerto Montt, sus padres comercializaban copias piratas para financiar actividades del Partido Comunista. A sus ocho o nueve años, Rodrigo era el encargado[3] de cambiar las cintas y acumular[4] las copias nuevas en una caja

---

1 decaer: bajar
2 recíproco/-a: gegenseitig
3 el encargado: el responsable
4 acumular a/c en a/c: *aquí* poner a/c en a/c

de cartón. Me pasaba toda la tarde, me dijo, haciendo las tareas y copiando a dos bandas, con cuatro VHS y dos televisores, el documental. Las únicas pausas eran para ver Robotech en Canal 13.

*

Muy resfriado, en cama desde hace días. Matizo[1] la enfermedad con altas dosis de televisión. Las visitas de Eme me parecen siempre demasiado breves[2]. Volví a pedirle que escuchara las primeras páginas de la novela y volvió a responderme que no. Su excusa fue pobre y realista: estás resfriado, me dijo. Hace un rato insistí y volvió a negarse. Es obvio[3] que no quiere leerlas, tal vez porque prefiere no reanudar[4] ese lado de nuestra relación.

En fin. Hace un rato vi Buenos días, la bellísima película de Ozu. Qué alegría más grande saber que existe esa película, que puedo verla muchas veces, que puedo verla siempre.

→ *Tareas A*

*

Por la mañana me di a la estúpida tarea de esconder mis cigarros por los rincones de la casa. Los encuentro, claro, pero fumo poco, fumo menos, hago esfuerzos por mejorarme de una vez. La enfermedad, sin embargo, dura demasiado, y cada tanto pienso que me he pegado la gripe porcina[5]. Nada más me falta la fiebre, aunque acabo de leer en Internet que algunos enfermos no presentan fiebre entre los síntomas.

---

1 matizar: *aquí* abschwächen
2 breve: corto/-a
3 obvio/-a: evidente
4 reanudar: restablecer
5 la gripe porcina: Schweinegrippe

Anoche, la sala de urgencias de la Clínica Indisa estaba repleta[1] de enfermos reales e imaginarios, pero asombrosamente[2] me atendieron de inmediato. Había una explicación. Un médico joven y canoso[3] apareció y me dijo, señalando la placa en su delantal[4]: somos familia. En verdad es probable que seamos parientes en algún grado. Compré tus libros, me dijo, pero no los he leído —se disculpó de una manera denigrante[5] o simplemente cómica: no tengo tiempo para leer ni siquiera libros cortos como los que tú escribes, me dijo. Pero hace un año les hablé de ti a mis familiares en Careno. Le pregunté al doctor, para maravillarlo con mi ignorancia, dónde quedaba[6] Careno.

Queda en Italia, al norte de Italia, me respondió, escandalizado. Luego bajó los ojos, como perdonándome. Me preguntó por el nombre de mi padre, de mi abuelo, de mi bisabuelo[7]. Le contesté pasivamente pero enseguida me cansé de tanta pregunta y le dije que esa conversación no tenía sentido —definitivamente mi familia proviene de algún hijo huacho[8], le dije: somos hijos de algún patrón que no se hizo cargo. Le dije que en mi familia todos somos morenos —él es muy blanco y más bien feo, con esa blancura higiénica que en alguna gente me parece medio irreal. Resignado[9] a no encontrar en mí señales de arraigo[10], el doctor me contó que todos los años viaja a Careno, donde hay muchísima gente con nuestro apellido, pues históricamente la familia fue bastante endogámica[11]. Hay muchos matrimonios entre hermanos y entre primos, por lo que la genética no es muy buena, dijo.

1 repleto/-a: lleno/-a
2 asombrosamente: sorprendentemente
3 canoso/-a: de pelo gris
4 el delantal: Kittel
5 denigrante: herablassend
6 quedar: *aquí* estar
7 el bisabuelo: el padre del abuelo
8 el huacho: *chil.* bastardo *(pey.)*
9 resignarse a/c: sich mit etw. abfinden
10 señales de arraigo: *aquí* Familienwurzeln
11 endogámico/-a: *hier* Inzucht

II. La literatura de los padres

Nosotros no tenemos ese problema, le dije. En mi rama de la familia respetamos a las primas.

Se rió o intentó reírse. Quise, no sé por qué, disculparme. Pero antes de que pudiera decirle la frase que vagamente intentaba formular, el doctor me preguntó por los síntomas. Ahora tenía prisa. Dedicó apenas dos minutos a mi dolencia, negando en redondo[1], como reprochándome por sólo imaginarlo, que tuviera la gripe porcina. Ni siquiera me sermoneó[2] por la cantidad de cigarros que fumo.

Volví a casa un poco humillado[3], con los antigripales de siempre, pensando en esas familias, en la lejana Careno, en cómo se vería mi rostro blanco, deslavado[4], o en el deseo distante, alguna vez, de estudiar medicina. Imagino a ese mismo doctor, mayor que yo, en la escuela de Medicina respondiendo con énfasis, con molestia: no, no somos parientes.

*

Los padres abandonan a los hijos. Los hijos abandonan a los padres. Los padres protegen o desprotegen pero siempre desprotegen. Los hijos se quedan o se van pero siempre se van. Y todo es injusto, sobre todo el rumor de las frases, porque el lenguaje nos gusta y nos confunde, porque en el fondo quisiéramos cantar o por lo menos silbar[5] una melodía, caminar por un lado del escenario silbando una melodía. Queremos ser actores que esperan con paciencia el momento de salir al escenario. Y el público hace rato que se fue.

*

Hoy inventé este chiste:

1 en redondo: claramente
2 sermonear a alg.: *hier* jdn. tadeln
3 humillado/-a: beschämt
4 deslavado/-a: pálido/-a
5 silbar: pfeifen

Cuando grande voy a ser un personaje secundario, le dice un niño a su padre.
Por qué.
Por qué qué.
Por qué quieres ser un personaje secundario.
Porque la novela es tuya.

*

Escribo en casa de mis padres. Hace tiempo que no venía. Prefiero verlos en el centro, a la hora de almuerzo. Pero esta vez quise seguir con mi papá el partido entre Chile y Paraguay, pensando también en refrescar algunos detalles del relato. Es el viaje de la novela, el viaje de vuelta que hace el protagonista, asustado, al final de esa tarde larga en que sigue a la supuesta novia de Raúl. Escribí ese pasaje pensando en un viaje real, más o menos a esa edad.

Una tarde, después de almorzar, me disponía a[1] salir cuando mi padre me dijo que no, que debía quedarme en casa estudiando inglés. Le pregunté para qué, si tenía buenas notas en inglés. Porque no es prudente que salgas tanto —usó esa palabra, prudente, lo recuerdo con precisión. Y porque soy tu padre y debes hacerme caso, dijo.

Me pareció brutal, pero estudié o fingí que estudiaba. Por la noche, antes de dormir, todavía enojado[2], le dije a mi papá que me daba rabia ser niño y tener que pedir permiso para todo, que era mejor ser huérfano[3]. Lo dije para molestarlo nada más, pero él me miró socarronamente[4] y fue a hablar con mi mamá. Por los gestos que ella hacía mientras se acercaban entendí que no estaban de acuerdo en la medida que iban a anunciarme, pero que de todos modos tendría que cumplirla.

---

1 me disponía a: *aquí* quería
2 enojado/-a: enfadado/-a
3 el huérfano: un hijo sin padres
4 socarronamente: spöttisch

Antes de hablarme llamaron a mi hermana para que presenciara[1] la escena. Mi papá se dirigió a ella primero. Le dijo que habían vivido equivocados. Que hasta entonces habían creído que ella era la hermana mayor, pero que acababan de descubrir que no. Por eso vamos a darle a tu hermano las llaves de la casa —podrás salir y entrar a la hora que quieras, desde hoy te mandas solo[2], me dijo, mirándome a los ojos. Nadie va a preguntarte dónde vas ni si tienes tarea ni nada.

Así fue. Durante unas semanas disfruté de esos privilegios. Me trataban como a un adulto, con apenas algunos dejos[3] de ironía. Me fui desesperando. Le dije a mi mamá que un día me iría muy lejos y ella me respondió que entonces no olvidara llevar una maleta. No llevé una maleta, pero una tarde simplemente subí a una micro cualquiera, dispuesto a llegar al fin del recorrido, sin planes, muy angustiado.

No llegué al final del recorrido, pero sí bastante cerca del barrio donde ahora vivo. El viaje duró más de una hora y al volver me retaron muchísimo. Era lo que yo quería. Estaba feliz de recuperar a mis padres. Y también había descubierto un mundo nuevo. Un mundo que no me gustaba, pero era nuevo.

Ahora no existe ese recorrido. Viajé en metro y en bus y llegué a Maipú por Pajaritos. Siempre me sorprende la cantidad de restoranes chinos que hay en la avenida. Desde hace años Maipú es una pequeña gran ciudad y las tiendas que visitaba cuando niño ahora son sucursales de bancos[4] o cadenas de comida rápida.

Antes de llegar hice un rodeo[5] para pasar por Lucila Godoy Alcayaga. La calle estaba cerrada con un vistoso portero eléctrico, al igual que el pasaje Neftalí Reyes Basoalto. No me animé[6] a pedirle

1 presenciar a/c: asistir a a/c
2 te mandas solo: *hier* du bist dein eigener Herr
3 el dejo: Tonfall
4 una sucursal de banco: Bankfiliale
5 hacer un rodeo: einen Umweg machen
6 animarse a hacer a/c: *hier* sich überwinden etw. zu tun

a la gente que circulaba que me dejara entrar. Quería ver la casa de Claudia, que en realidad fue, durante un tiempo, la casa de mi amiga Carla Andreu. Enfilé, entonces, hacia Aladino. La villa se ha llenado de mansardas[1], de segundos pisos que lucen aberrantes[2], de tejados ostentosos[3]. Ya no es el sueño de igualdad. Al contrario. Hay muchas casas a maltraer[4] y otras lujosas. Hay algunas que parecen deshabitadas.

También había cambios en la casa de mis padres. Me impresionó, sobre todo, ver en el living un mueble nuevo para libros. Reconocí la enciclopedia del automóvil, el curso de inglés de la BBC y los viejos libros de la revista Ercilla con sus colecciones de literatura chilena, española y universal. En la hilera del centro había también una serie de novelas de Isabel Allende, Hernán Rivera Letelier, Marcela Serrano, John Grisham, Barbara Wood, Carla Guelfenbein y Pablo Simonetti, y más cerca del suelo algunos libros que leí cuando niño, para el colegio: El anillo de los Löwensköld, de Selma Lagerlöf, Alsino, de Pedro Prado, Miguel Strogoff, de Julio Verne, El último grumete[5] de la Baquedano, de Francisco Coloane, Fermina Márquez, de Valéry Larbaud, en fin. Me gustaría haberlos conservado pero seguramente los olvidé en alguna caja que mis padres encontraron en el entretecho[6].

Me pareció inquietante ver esos libros ahí, ordenados a la rápida en un mueble rojo de melamina, flanqueado por afiches[7] con escenas de caza o de amaneceres y una gastada reproducción de «Las Meninas» que ha estado en casa desde siempre y que todavía mi padre muestra a las visitas con orgullo: ése es el pintor, Velázquez, el pintor se pintó a sí mismo, dice.

---

1 la mansarda: ausgebautes Dachgeschoss
2 aberrante: unsinnig
3 ostentoso/-a: protzig
4 a maltraer: heruntergekommen
5 el grumete: Schiffsjunge
6 el entretecho: Dachboden
7 el afiche: *chil.* póster

II. La literatura de los padres

Gracias a esta biblioteca tu madre se ha puesto a leer y yo también, aunque tú sabes que prefiero ver películas, dijo mi padre, y encendió la tele justo a tiempo para ver el partido. Celebramos los goles de Mati Fernández y Humberto Suazo con una jarra[1] grande de pisco sour y un par de botellas de vino. Bebí muchísimo más que mi padre. Nunca lo he visto borracho, pensé, y no sé por qué se lo dije. Yo sí vi a mi papá muchas veces borracho, respondió él, de repente, con una expresión apenas contenida[2] de tristeza.

Quédate, mañana viene tu hermana a almorzar, dijo mi mamá — no puedes manejar[3] en ese estado, agregó, y le recordé lo que siempre olvida: que no tengo auto. Bah, dijo, verdad, con mayor razón no puedes manejar, rió. Me gusta su risa, sobre todo cuando sobreviene, cuando sucede imprevistamente. Es serena y dulce a la vez.

Me fui de casa hace quince años y sin embargo todavía siento una especie de extraño latido[4] al entrar a esta pieza que era mía y ahora es una especie de bodega. Al fondo hay una repisa[5] llena de DVD y los álbumes de fotos arrinconados junto a mis libros, los libros que he publicado. Me parece bello que estén aquí, junto a los recuerdos familiares.

*

Hace un rato, a las dos de la mañana, me levanté a preparar café y me sorprendió ver a mi mamá en el living, bebiendo mate con el ademán[6] gracioso de los novatos[7]. Es lo que hago ahora cuando siento ganas de fumar, dijo, con una sonrisa. Fuma muy poco, cinco cigarros al día, pero desde que mi padre lo dejó ya no permite que

---

1 la jarra: Krug
2 contenido/-a: *etwa* zurückhaltend
3 manejar: *lat.am.* conducir
4 el extraño latido: seltsames Herzklopfen
5 la repisa: Bord
6 el ademán: el gesto
7 el novato: el debutante

ella fume adentro y hace demasiado frío como para abrir la ventana. Yo voy a fumar, le dije, fumemos. Mi papá no puede impedirle que fume, ya están muy viejos para eso, dije.

Él me prohíbe solamente el cigarro. Yo le prohíbo muchas cosas, las grasas saturadas[1], el exceso de azúcar. Es justo.

Al final la convencí y nos encerramos en una especie de pieza pequeña que construyeron para instalar una inmensa lavadora nueva. Fumó con el gesto de siempre, tan acentuadamente[2] femenino: el cigarro hacia abajo, la mano mostrando la palma[3], muy cerca de la boca.

Qué voy a hacer, dijo de repente, si mañana tu papá se da cuenta de que fumamos.

Dígale que no fumamos. Que si hay olor es porque yo fumo mucho. Yo tengo olor a cigarro. Dígale eso. Y después desvíe la conversación[4], dígale que está preocupada porque piensa que yo estoy fumando mucho, que me voy a morir de cáncer.

Pero sería mentira, dijo —no sería mentira, respondí, porque tarde o temprano me voy a morir de cáncer.

Mi madre largó un suspiro[5] hondo y movió la cabeza lentamente. Entonces me dijo algo que me pareció asombroso: nunca nadie en la vida me ha hecho reír tanto como tú. Eres la persona más divertida que he conocido, dijo. Pero también eres serio y eso me desconcertaba, me desconcierta. Te fuiste muy chico[6] y yo a veces pienso cómo sería la vida si te hubieras quedado en casa. Hay hijos de tu edad que todavía viven con sus padres. Los veo pasar de repente y pienso en ti.

---

1 las grasas saturadas: gesättigte Fettsäuren
2 acentuadamente: betont
3 la palma: Handfläche
4 desviar la conversación: die Unterhaltung in eine andere Richtung lenken
5 el suspiro: Seufzer
6 chico/-a: joven

La vida habría sido peor, le dije. Y esos grandotes[1] son unos mamones[2].

Sí. La verdad es que sí. Y tienes razón. La vida sería peor contigo aquí. Antes de que te fueras de la casa con tu papá peleábamos mucho. Pero desde que te fuiste no peleamos tanto. Ya casi no peleamos.

No esperaba ese súbito momento de honestidad. Me quedé pensando, abatido[3], pero ella enseguida me preguntó, como si viniera al caso: ¿te gusta Carla Guelfenbein?

No supe qué contestar. La encuentro bonita, saldría con ella, pero no me acostaría con ella, le dije. Tal vez le daría un beso, pero no me acostaría con ella, o me acostaría con ella pero no le daría besos. Mi mamá se fingió escandalizada. Se veía hermosa con ese gesto.

Yo te pregunto si te gusta cómo escribe.

No, mamá. No me gusta.

Pero a mí me gustó su novela. El revés del corazón.

El revés del alma, corregí.

Eso, El revés del alma. Me sentí identificada con los personajes, me emocionó.

¿Y cómo es posible que se identifique con personajes de otra clase social, con conflictos que no son, que no podrían ser los conflictos de su vida, mamá?

Hablaba en serio, demasiado en serio. Sabía que no correspondía hablar en serio, pero no podía evitarlo. Ella me miró con una mezcla de enojo y compasión. Con un poco de lata[4]. Te equivocas, me dijo, al fin: tal vez ésa no es mi clase social, de acuerdo, pero las clases sociales han cambiado mucho, todo el mundo lo dice, y al leer esa novela yo sentí que sí, que ésos sí eran mis problemas. Entiendo que te moleste lo que te digo, pero deberías ser un poco más tolerante.

---

1 el grandote: *etwa* Riesenbaby
2 el mamón: *hier* Weichei
3 abatido/-a: niedergeschlagen
4 la lata: el fastidio

Me pareció extrañísimo que mi madre usara esa palabra, tolerante. Me dormí recordando la voz de mi madre diciéndome: deberías ser un poco más tolerante.

*

Después de almuerzo mi hermana insistió en traerme a casa. Sacó la licencia[1] hace un año pero recién hace un mes aprendió realmente a conducir. No parecía nerviosa, sin embargo. El nervioso era yo. Preferí entregarme[2], cerrar los ojos y abrirlos sólo cuando el auto carraspeaba[3] demasiado con el paso de los cambios[4]. En los momentos de silencio mi hermana aceleraba y cuando la conversación tomaba ritmo ella disminuía la velocidad al punto que los demás autos nos tapaban a bocinazos[5].

Lamento lo que pasó con tu matrimonio, me dice poco antes de salir de la carretera.

Eso fue hace tiempo, respondo.

Pero yo no te lo había dicho.

Hace poco volvimos —mi hermana me mira entre incrédula[6] y feliz. Le explico que por ahora todo es frágil, tentativo[7], pero que me siento bien. Que queremos hacer las cosas mejor que antes. Que no viviremos juntos de nuevo, todavía. Ella me pregunta por qué no se lo conté a mis padres. Por eso mismo, respondo, todavía es temprano para decirles.

Luego me pregunta si voy a escribir más libros. Me gusta la forma de la pregunta, pues cabe la posibilidad de responder simplemente que no, que ya es suficiente, y eso creo, a veces, al final de alguna mala noche: que de pronto voy a dejar de escribir, como si nada, que

1 sacar la liciencia: *lat.am.* sacar el carné (de conducir)
2 entregarse: *hier* sich dem Schicksal hingeben
3 carraspear: *hier* ruckeln
4 el paso de los cambios: schalten
5 tapar a bocinazos: jdn. anhupen
6 incrédulo/-a: desconfiado/-a
7 tentativo/-a: *etwa* ein Versuch

en algún momento recordaré como lejano el tiempo en que escribía libros, del mismo modo que otros recuerdan la temporada en que fueron taxistas o vendieron dólares en el Paseo Ahumada.

Pero le respondo que sí y ella me pide que le cuente de qué se trata el libro nuevo. No quiero responderle, ella se da cuenta y vuelve a preguntar. Le digo que de Maipú, del terremoto de 1985, de la infancia. Ella pide más detalles, se los doy. Llegamos a casa, la invito a pasar, ella no quiere pero tampoco quiere que me baje. Sé muy bien lo que va a preguntarme.

¿Salgo[1] yo en tu libro?, dice al fin.

No.

¿Por qué?

Lo he pensado. Claro que lo he pensado. Lo he pensado mucho. Mi respuesta es honesta:

Para protegerte, le digo.

Ella me mira escéptica, dolida. Me mira con cara de niña.

Es mejor no ser personaje de nadie, digo. Es mejor no salir en ningún libro.

¿Y tú sales en el libro?

Sí. Más o menos. Pero el libro es mío. No podría no salir. Aunque me atribuyera[2] otros rasgos y una vida muy distinta de la mía, igual estaría yo en el libro. Yo ya tomé la decisión de no protegerme.

¿Y salen nuestros padres?

Sí. Hay personajes parecidos a nuestros padres.

¿Y por qué no proteges, también, a nuestros padres?

Para esa pregunta no tengo ninguna respuesta. Supongo que les toca, simplemente, comparecer[3]. Recibir menos de lo que dieron, asistir a un baile de máscaras sin entender muy bien por qué están ahí. Nada de esto soy capaz de decírselo a mi hermana.

---

1 salir: aparecer
2 atribuir a/c a alg.: jdm. etw. zuschreiben
3 comparecer: auftreten

No lo sé, es ficción, le digo. Tengo que irme, hermana. No la llamo por su nombre. Le digo hermana, le doy un beso en la mejilla y bajo del auto.

De vuelta sigo mucho rato pensando en mi hermana, mi hermana mayor. Recuerdo ese poema de Enrique Lihn:
El hijo único sería el mayor de sus hermanos
Y en su orfandad[1] algo tiene de eso
Que se entiende por la palabra mayor
Como si también ellos hubieran muerto
Sus imposibles hermanos menores.

Al escribir nos comportamos como hijos únicos. Como si hubiéramos estado solos siempre. A veces odio esta historia, este oficio del que ya no puedo salir. Del que ya no voy a salir.

*

Siempre pensé que no tenía verdaderos recuerdos de infancia. Que mi historia cabía[2] en unas pocas líneas. En una página, tal vez. Y en letra grande. Ya no pienso eso.

El fin de semana en familia me ha estropeado el ánimo[3]. Encuentro consuelo[4] en una carta que Kawabata escribió a su amigo Yukio Mishima, en 1962: «Diga lo que diga su madre, usted tiene una escritura magnífica.»

Hace un rato intenté escribir un poema pero sólo conseguí estos pocos endecasílabos[5]:

---

1 la orfandad: → huérfano
2 caber: passen
3 El fin de semana en familia me ha estropeado el ánimo: *etwa* das Wochenende in der Familie hat mich niedergeschlagen
4 el consuelo: Trost
5 el endecasílabo: un verso que se compone de 11 sílabas métricas, de origen italiano, adoptado en la lírica española

Yo iba a ser un recuerdo cuando grande
Pero ya estoy cansado de seguir
Buscando y rebuscando la belleza
De un árbol mutilado[1] por el viento.

El único verso que me gusta es el primero:
Yo iba a ser un recuerdo cuando grande.

→ *Tareas B*

Tareas A
1. Describe a la mujer, Eme, con la que se encuentra el protagonista.
2. Analiza con referencias textuales la relación entre Eme y el protagonista.
3. Explica lo que llegamos a saber sobre Claudia al principio del segundo capítulo. Para eso analiza los dos niveles del cuento en la novela.

Tareas B
1. Resume la trama de la historia desde la página (49, l. 14) hasta la página (61, l. 6).
2. Examina por qué el narrador quiere visitar a sus padres refiriéndote a los dos niveles de ficción en el libro.
3. Expresa tu opinión acerca de la decisión del narrador de proteger a su hermana pero no a sus padres en su nueva novela (p. 58, l. 4 – p. 59, l. 25).

---

[1] mutilar a/c: verstümmeln

III. La literatura de los hijos

Me fui de casa a fines de 1995, poco después de cumplir veinte años, pero desde la adolescencia deseaba abandonar esas veredas[1] demasiado limpias, esos pasajes aburridos en que había crecido. Buscaba una vida plena y peligrosa o tal vez simplemente quería lo que algunos hijos quieren desde siempre: una vida sin padres.

Viví en pensiones o piezas[2] pequeñas y trabajé en cualquier cosa mientras terminaba la universidad. Y cuando terminé la universidad seguí trabajando en cualquier cosa, porque estudié Literatura, que es lo que estudia la gente que termina trabajando en cualquier cosa.

Años después, sin embargo, ya cerca de los treinta, conseguí un puesto como profesor y logré en cierto modo establecerme. Ensayaba[3] una vida plácida[4] y digna: pasaba las tardes leyendo novelas o mirando la tele durante horas, fumando tabaco o marihuana, bebiendo cervezas o vino barato, escuchando música o escuchando nada, porque a veces permanecía largo rato en silencio, como si esperara algo, como si esperara a alguien.

Fue entonces cuando llegué, cuando regresé. No esperaba a nadie, no buscaba nada, pero una noche de verano, una noche cualquiera en que caminaba a pasos largos y seguros, vi la fachada azul[5], la reja verde y la pequeña plaza de pasto reseco[6] justo enfrente. Es aquí, pensé. Es aquí donde estuve. Lo dije en voz alta, entre maravillado[7] y absorto[8], y recordé la escena con precisión: el viaje en

---

1 la vereda: *lat.am.* la acera
2 la pieza: *lat.am.* la habitación
3 ensayar a/c: sich üben
4 la vida plácida: angenehmes Leben
5 la fachada: Fassade
6 el pasto reseco: vetrocknetes Gras
7 maravillado/-a: verwundert
8 absorto/-a: in Gedanken vertieft

micro, el cuello de la mujer, el almacén, el árbol, el angustioso viaje de vuelta, todo.

Pensé entonces en Claudia y también en Raúl y en Magali; imaginé o intenté imaginar sus vidas, sus destinos. Pero de pronto los recuerdos se apagaron. Por un segundo, sin saber por qué, pensé que todos estaban muertos. Por un segundo, sin saber por qué, me sentí inmensamente solo.

En los días siguientes volví al lugar de forma casi obsesiva. Premeditada[1] o inconscientemente dirigía mis pasos hacia la casa y sentado en el pasto miraba la fachada mientras caía la noche. Se encendían primero los faroles de la calle[2] y más tarde, pasadas las diez, se iluminaba una ventana pequeña en el segundo piso. Durante días el único signo de vida en esa casa era la luz más bien leve[3] que aparecía en el segundo piso.

Una tarde vi a una mujer que abría el portón y sacaba las bolsas de basura. Me pareció un rostro familiar y en principio pensé que era Claudia, aunque la imagen que conservaba era tan remota[4] que a partir de ese recuerdo era posible proyectar muchos rostros. La mujer tenía los pómulos de una persona delgada, pero había engordado de manera tal vez irremediable[5]. Su pelo rojo formaba una tela dura y resplandeciente[6], como si acabara de teñirse. Y a pesar de ese aspecto llamativo parecía molestarle el solo hecho de que alguien la mirara. Caminaba como fijando la vista en las junturas del cemento.[7]

Esperé a verla nuevamente. Algunas tardes me llevaba una novela, pero prefería los libros de poemas, porque me permitían más pausas para espiar. Me daba pudor[8] pero también me daba risa

---

1 premeditado/-a: vorsätzlich
2 el farol de la calle: Straßenlaterne
3 leve: leicht
4 remoto/-a: lejano/-a
5 irremediable: *aquí* permanente
6 la tela dura y resplandeciente: *etwa* ein fester und glänzender Vorhang
7 las junturas del cemento: Zementfugen
8 dar pudor a alg.: tener vergüenza

volver a ser un espía. Un espía que, de nuevo, no sabía bien lo que quería encontrar.

Una tarde me decidí a tocar el timbre. Al ver venir a la mujer pensé, con pánico, que no tenía un plan, que ni siquiera sabía cómo presentarme. A punta de balbuceos[1] le dije que se me había perdido un gato. Ella me preguntó el nombre del gato, no supe qué contestar. Me preguntó cómo era. Le dije que blanco, negro y café.

Entonces es gata, dijo la mujer.

Es gato, respondí.

Si es de tres colores no puede ser gato. Los gatos de tres colores son hembras[2], dijo ella. Y agregó que de cualquier manera no había visto gatos perdidos en el barrio últimamente.

La mujer iba a irse cuando le dije, casi gritando: Claudia.

Quién eres tú, respondió.

Se lo dije. Le dije que nos habíamos conocido en Maipú. Que habíamos sido amigos.

Ella me miró largamente. Yo me dejé mirar. Es extrañísima esa sensación. La de esperar ser reconocido. Al final me dijo: ya sé quién eres. Yo no soy Claudia. Soy Ximena, la hermana de Claudia. Y tú eres el niño que me siguió esa tarde, Aladino. Así te decía Claudia, nos reíamos mucho cuando se acordaba de ti. Aladino.

No sabía qué decir. Precariamente[3] entendía que sí, que Ximena era la mujer a la que había seguido hacía tantos años. La supuesta novia de Raúl. Pero Claudia nunca me dijo que tenía una hermana. Sentía el peso, la necesidad de encontrar alguna frase oportuna. Me gustaría ver a Claudia, dije, con poca voz.

Yo pensé que andabas buscando a un gato. A una gata.

Sí, respondí. Pero he pensado muchas veces, estos años, en ese tiempo en Maipú. Y me gustaría ver a Claudia.

---

1 a punta de balbuceos: stotternd
2 la hembra: ≠ el macho
3 precariamente: *hier* verschwommen

En la mirada de Ximena había hostilidad[1]. Se quedó callada. Le hablé, improvisando nerviosamente, sobre el pasado, sobre el deseo de recuperar el pasado.

No sé para qué quieres ver a Claudia, dijo Ximena. No creo que llegues nunca a entender una historia como la nuestra. En ese tiempo la gente buscaba a personas, buscaba cuerpos de personas que habían desaparecido. Seguro que en esos años tú buscabas gatitos o perritos, igual que ahora.

No entendí su crueldad[2], me pareció excesiva, innecesaria. De todos modos Ximena apuntó mi teléfono. Cuando ella venga se lo doy, dijo.

¿Y cuándo crees que va a venir?

En cualquier momento, respondió. Mi padre está a punto de morir[3]. Cuando muera, mi hermana viajará desde Yanquilandia[4] a llorar sobre su cadáver y a pedir su parte de la herencia[5].

Me pareció ridículo, falsamente juvenil eso de llamar Yanquilandia a los Estados Unidos, y a la vez pensé en ese diálogo con Claudia, en el Templo de Maipú, sobre las banderas. Finalmente su destino estaba en ese país que cuando niña despreciaba, pensé, y pensé también que debía irme, pero no pude evitar una última pregunta de cortesía:

¿Cómo está don Raúl?, le pregunté.

No sé cómo está don Raúl. Debe estar bien. Pero mi padre se está muriendo. Chao, Aladino, dijo ella. No entiendes, nunca vas a entender nada, huevón[6].

Volví a caminar por el barrio varias veces, pero miraba la casa desde lejos, no me atrevía a acercarme[7]. Pensaba con frecuencia

---

1 la hostilidad: ≠ la amistad
2 la crueldad: ≠ la bondad
3 estar a punto de morir (o→ue): im Sterben liegen
4 Yanquilandia: *fam.* Estados Unidos
5 la herencia: Erbe
6 el huevón: *chil.* persona estúpida
7 atreverse a hacer a/c: wagen etw. zu tun

en ese diálogo amargo[1] con Ximena. Sus palabras de alguna forma me perseguían. Una noche soñé que me encontraba con ella en el supermercado. Yo trabajaba promoviendo[2] una cerveza nueva. Ella pasaba con el carro[3] lleno de comida para gatos. Me miraba de reojo[4]. Me reconocía pero evitaba saludarme.

Pensaba también en Claudia, pero como se piensa en un fantasma, como se piensa en alguien que de alguna manera, de una forma irracional y sin embargo muy concreta, nos acompaña. No esperaba su llamado. Me costaba imaginar a su hermana dándole mi número, contándole de esa visita intempestiva, la extraña aparición de Aladino. Pero así fue: algunos meses después de esa conversación con Ximena, una mañana temprano, poco antes de las nueve, Claudia me llamó. Fue muy amable. Me parece entretenido[5] que volvamos a vernos, me dijo.

Nos juntamos una tarde de noviembre, en el Starbucks de La Reina. Me gustaría recordar ahora, con absoluta precisión, cada una de sus palabras y anotarlas en este cuaderno sin mayores comentarios. Me gustaría imitar su voz, acercar una cámara a los gestos que hacía cuando se adentraba[6], sin miedo, en el pasado. Me gustaría que alguien más escribiera este libro. Que lo escribiera ella, por ejemplo. Que estuviera ahora mismo, en mi casa, escribiendo. Pero me toca escribirlo a mí y aquí estoy. Y aquí me voy a quedar.

No me costó reconocerte, dice Claudia —a mí tampoco, respondo, pero durante largos minutos me distraigo buscando el rostro que tengo en la memoria. No lo encuentro. Si la hubiera visto en la calle no la habría reconocido.

---

1 amargo/-a: bitter
2 promover (o→ue) a/c: hacer publicidad para a/c
3 el carro: Einkaufswagen
4 mirar de reojo a alg.: jdm. einen Seitenblick zuwerfen
5 entretenido/-a: divertido/-a
6 adentrarse en: sich vertiefen

Nos acercamos a recoger el café. No suelo ir al Starbucks, me sorprende ver mi nombre garabateado[1] en el vaso. Miro el vaso de ella, el nombre de ella. No está muerta, pienso de repente, con alegría: no está muerta.

El pelo de Claudia es ahora corto y la cara muy flaca[2]. Sus pechos siguen siendo escasos[3] y su voz parece la de una fumadora, aunque fuma sólo en Chile —parece que en Estados Unidos ya no permiten fumar en ninguna parte, le digo, de pronto contento de que la conversación sea simplemente social, rutinaria.

No es eso. Es raro. En Vermont[4] no me dan ganas de fumar, pero llego a Chile y fumo como loca, dice Claudia. Es como si Chile me resultara incomprensible o intolerable sin fumar.

Es como si Chile te resultara infumable, le digo, bromeando.

Sí, dice Claudia, sin reírse. Ríe después. Diez segundos después entiende la broma.

Al principio el diálogo sigue el rumbo[5] tímido de una cita a ciegas, pero a veces Claudia acelera y empieza a hablar en frases largas. La trama de pronto se esclarece[6]: Raúl era mi padre, dice, sin más preámbulos[7]. Pero se llamaba Roberto. El hombre que murió hace tres semanas, mi padre, se llamaba Roberto.

La miro asombrado, pero no es un asombro en estado puro. Recibo la historia como si la esperara. Porque la espero, en cierto modo. Es la historia de mi generación.

Nací cinco días después del golpe, el 16 de septiembre de 1973, dice Claudia, en una especie de estallido[8]. La sombra de un árbol cae caprichosamente[9] sobre su boca, no veo el movimiento de sus

1 garabatear: escribir
2 flaco/-a: schmal
3 escaso: *aquí* poco visible
4 Vermont: Estado federal en el noreste de Estados Unidos
5 el rumbo: la dirección
6 esclarecer: aclarar
7 sin preámbulo: ohne Umschweife
8 el estallido: Rausplatzen
9 caprichosamente: launisch

labios. Eso me inquieta. Siento que me habla una foto. Recuerdo ese poema hermoso, «Los ojos de esta dama muerta me hablan». Pero mueve las manos y la vida regresa a su cuerpo. No está muerta, pienso de nuevo y de nuevo siento una alegría inmensa.

Magali y Roberto tuvieron a Ximena cuando él acababa de entrar a estudiar Derecho en la Universidad de Chile. Vivieron por separado hasta que ella quedó de nuevo embarazada y entonces, a comienzos de 1973, se casaron y decidieron vivir en La Reina mientras encontraban un lugar propio. Magali era mayor. Había estudiado Inglés en el Pedagógico y era partidaria de Allende, pero no participaba de un modo activo. Roberto era en cambio un militante disciplinado, aunque tampoco estaba en situaciones de riesgo.

Los primeros años de dictadura los pasaron aterrados y encerrados en esa casa de La Reina. Pero a finales de 1981 Roberto se reconectó[1]: volvió a circular[2] por algunos lugares que hasta entonces había evitado y rápidamente asumió responsabilidades, al comienzo muy menores, como informante. Cada mañana esperaba, en las escaleras de la Biblioteca Nacional, en un banco de la Plaza de Armas, e incluso algunas veces en el Zoológico, a sus contactos, y luego volvía a trabajar a una oficina pequeña en la calle Moneda.

Poco después Magali arrendó[3] la casa en Maipú y se fue a vivir allí con las niñas. Era la mejor manera de protegerlas, lejos de todo, lejos del mundo. Roberto, en tanto, corría riesgos, pero cambiaba de apariencia constantemente. A comienzos de 1984 convenció a su cuñado Raúl para que se fuera y le dejara su identidad. Raúl salió de Chile por la cordillera[4], a Mendoza, sin un plan definido, pero con algo de dinero para comenzar una vida nueva.

Fue entonces cuando Roberto consiguió esa casa en el pasaje Aladino. De nuevo Maipú aparecía como un lugar seguro, donde era posible no despertar sospechas[5]. Vivía muy cerca de su mujer y de

---

1 reconectarse: *hier* Anschluss an seine früheren Kontakte suchen
2 circular: ir a ver
3 arrendar (e→ie) a/c: alquilar a/c
4 la cordillera: *chil.* sierra
5 despertar (e→ie) sospechas: Verdacht schöpfen

sus hijas y su nueva identidad le permitía verlas más seguido, pero primaba la cautela[1]. Las niñas casi no veían a su padre y Claudia ni siquiera sabía que vivía cerca. Lo supo esa noche, la noche del terremoto.

Aprender a contar su historia como si no doliera. Eso ha sido, para Claudia, crecer[2]: aprender a contar su historia con precisión, con crudeza[3]. Pero es una trampa ponerlo así, como si el proceso concluyera alguna vez. Solamente ahora siento que puedo hacerlo, dice Claudia. Lo intenté mucho tiempo. Pero ahora he encontrado una especie de legitimidad. Un impulso. Ahora quiero que alguien, que cualquiera me pregunte, de la nada[4]: quién eres.

Yo soy el que pregunta, pienso. El desconocido que pregunta. Esperaba un encuentro cargado de silencios, una serie de frases sueltas[5] que luego, como hacía cuando niño, en soledad, tendría que juntar y descifrar[6]. Pero no, al contrario: Claudia quiere hablar. Cuando venía en el avión, dice, miré las nubes un rato largo. Me pareció que hacían un dibujo débil y desconcertante pero a la vez reconocible. Pensé en los bocetos[7] de un niño rayando[8] una hoja o en los dibujos que hacía mi madre mientras hablaba por teléfono. No sé si ocurrió una vez o muchas veces, pero tengo esa imagen de mi mamá rayando papeles mientras hablaba por teléfono.

Miré después, dice Claudia, a las azafatas que alisaban[9] sus faldas mientras conversaban y reían en el fondo del pasillo y al desconocido que dormitaba a mi lado con un libro de autoayuda abierto en el pecho. Y entonces pensé que mi madre había muerto hacía diez años, que mi padre acababa de morir, y en vez de honrar silenciosa-

---

1 primar la cautela: vorsichtig bleiben
2 crecer: *hier* erwachsen werden
3 con crudeza: mit Härte
4 de la nada: aus dem Blauen heraus
5 las frases sueltas: zusammenhangslose Sätze
6 descifrar: entschlüsseln
7 el boceto: *etwa* das Gekrakel
8 rayar: kritzeln
9 alisar a/c: etw. glätten

mente a esos muertos yo experimentaba[1] la necesidad imperiosa[2] de hablar. El deseo de decir: yo. El vago, el extraño placer, incluso, de responder: me llamo Claudia y tengo treinta y tres años.

Lo que más quería durante ese largo viaje hasta Santiago era que el desconocido que viajaba a su lado despertara y le preguntara: quién eres, cómo te llamas. Quería responderle con alegría leve y rápida, coquetamente[3], incluso: Me llamo Claudia y tengo treinta y tres años. Quería decirle, como en las novelas: Me llamo Claudia, tengo treinta y tres años y ésta es mi historia. Y empezar a contarla, por fin, como si no doliera.

Es ya de noche, seguimos sentados en la terraza del café. Estás cansado de escucharme, me dice de repente. Niego tajantemente con la cabeza[4]. Pero después voy a escucharte yo a ti, me dice. Y te prometo que cuando me aburra de escucharte no vas a darte cuenta. Fingiré muy bien, me dice, sonriendo.

Claudia llegó cuando el velorio[5] estaba a punto de empezar. Recibió las condolencias con algo de tedio[6]: prefería los abrazos silenciosos, sin esas terribles frases de ocasión. Después del funeral desarmó sus maletas[7] en la que alguna vez fue su pieza. Pensó que llegaba a su casa, al fin y al cabo; que el único espacio en que realmente se había sentido cómoda era esa habitación pequeña en la casa de La Reina, aunque esa estabilidad duró poco tiempo, apenas unos años, a fines de los ochenta, cuando su abuela, su madre y su padre estaban vivos.

Como si adivinara cruelmente esos pensamientos[8], como si llevara mucho tiempo esperando pronunciar estas frases, Ximena

1   experimentar a/c: sentir
2   imperioso/-a: urgente
3   coquetamente: kokett
4   negar (e→ie) tajantemente con la cabeza: kategorisch den Kopf schütteln
5   el velorio: Totenwache
6   con tedio: gelangweilt
7   desarmar sus maletas: deshacer sus maletas
8   Como si adivinara cruelmente esos pensamientos: *etwa* als hätte sie (Ximena) ein grausames Gespür dafür

entró de repente y le dijo: esta no es más tu casa. Puedes quedarte algunas semanas, pero no te acostumbres demasiado. Yo cuidé a mi papá, por lo tanto la casa es mía, no voy a venderla, ni siquiera lo pienses. Y mucho mejor sería que te encontraras un hotel.

5 Claudia asintió creyendo que con los días su hermana recuperaría la calma, la sensatez[1]. Se echó en la cama a leer una novela, quería olvidar ese diálogo agrio[2], quería dejarse llevar por[3] la trama, pero era imposible, porque el libro hablaba de padres que abandonan a sus hijos o de hijos que abandonan a sus padres. Ultimamente
10 todos los libros hablan de eso, pensó.

Fue al living, Ximena miraba televisión, se sentó a su lado. Gregory House le decía algo a la doctora Cuddy, alguna brutalidad[4], y Claudia recuerda que rieron, al unísono[5]. Entonces preparó té y le ofreció a Ximena una taza. Pensó que su hermana tenía la cara de
15 alguien que había sufrido no un día o una semana sino toda la vida. Perdona, dijo Ximena al recibir el té: puedes quedarte el tiempo que quieras, pero no me pidas vender la casa. Es lo único que tengo, que tenemos.

Claudia estuvo a punto de decirle alguna frase oportuna y vacía:
20 nos tenemos la una a la otra, vamos a superar esto juntas, algo así. Pero se contuvo. No habría sido verdad. Hacía mucho tiempo que les costaba convivir sin agredirse[6]. Hablemos después sobre la casa, le dijo.

Caminamos sin rumbo, pero yo no lo sé, simplemente acompaño
25 a Claudia pensando que vamos a alguna parte. Es ya muy tarde, el cine está cerrado, nos detenemos a mirar los carteles de las películas como si fuéramos una pareja en busca de diversión.

---

1 la sensatez: Besonnenheit
2 agrio/-a: *hier* bissig
3 dejarse llevar por a/c: dejarse distraer por a/c
4 la brutalidad: *hier* Gemeinheit
5 al unísono: a la vez
6 agredirse: sich anfeinden

Es bueno vivir cerca de un cine, dice ella, y nos entusiasmamos hablando sobre películas —descubrimos coincidencias que sin embargo, más temprano que tarde, nos devuelven a la vida, a la juventud, a la infancia. Porque ya no podemos, ya no sabemos hablar sobre una película o sobre un libro; ha llegado el tiempo en que no importan las películas ni las novelas sino el momento en que las vimos, las leimos: dónde estábamos, qué hacíamos, quiénes éramos entonces.

Mientras caminamos en silencio pienso en esos nombres: Roberto, Magali, Ximena, Claudia. Le pregunto por el nombre de la abuela. Mercedes, responde Claudia. Pienso que son nombres serios. Incluso Claudia me parece de pronto un nombre serio. Bello, simple y serio. Le pregunto en qué año murió su abuela. En 1995, un año antes que mi mamá, dice Claudia. Y habla también de otro muerto, alguien importante, alguien a quien nunca conoció: el primo de su padre, Nacho, el doctor. Nacho fue arrestado y nunca volvió. Roberto y Magali hablaban de él como si estuviera vivo, pero estaba muerto.

Le contaban, cuando niña, y después, muchos años después, seguían contándole la historia de la fiebre, que ni siquiera era una historia propiamente —era un momento, nada más, el último, aunque nadie sabía que sería el último: en 1974, cuando Claudia tenía once meses de vida, Nacho fue a verla porque la niña llevaba demasiadas horas enferma. La fiebre bajó de inmediato. Es un milagro, dijeron los adultos, riéndose, esa tarde. Y así quedó, como un milagro ligero[1], intrascendente[2]: bajarle la fiebre a una niña, nada más, esa tarde cuando lo vieron con vida por última vez —y tampoco lo vieron muerto, porque su cuerpo nunca apareció.

En mi familia no hay muertos, le digo. Nadie ha muerto. Ni mis abuelos, ni mis padres, ni mis primos, nadie.

¿Nunca vas al cementerio[3]?

---

1 un milagro ligero: ein kleines Wunder
2 intrascendente: poco importante
3 el cementerio: Friedhof

No, nunca voy al cementerio, respondo en una frase completa — como si aprendiera a hablar en una lengua extranjera y me exigieran completar la frase.

Tengo que irme, prefiero volver temprano a casa de mi papá — un gesto en sus labios la desdice[1] enseguida: ya no es la casa de su padre, ahora es de ella y de Ximena. La acompaño deseando que me invite a un café, pero ella se despide en la reja con una sonrisa limpia y un abrazo.

En el camino de vuelta recuerdo una escena en la facultad[2], una tarde en que fumábamos hierba[3] y tomábamos un pegajoso[4] vino con melón. Junto a un grupo de compañeros de curso habíamos pasado la tarde intercambiando relatos familiares donde la muerte aparecía con apremiante[5] insistencia. De todos los presentes yo era el único que provenía de una familia sin muertos, y esa constatación me llenó de una extraña amargura[6]: mis amigos habían crecido leyendo los libros que sus padres o sus hermanos muertos habían dejado en casa. Pero en mi familia no había muertos ni había libros.

Soy el hijo de una familia sin muertos, pensé mientras mis compañeros contaban sus historias de infancia. Entonces recordé intensamente a Claudia, pero no quería o no me atrevía a contar su historia. No era mía. Sabía poco, pero al menos sabía eso: que nadie habla por los demás. Que aunque queramos contar historias ajenas terminamos siempre contando la historia propia.

Quiero dejar pasar unos días antes de llamarla y proponerle que volvamos a vernos. Pero estoy impaciente y la llamo de inmediato. No parece sorprendida. Quedamos de juntarnos a la mañana siguiente, en el Parque Intercomunal. Llego temprano pero la veo a lo lejos, sentada en un banco, leyendo. Se ve hermosa. Lleva una falda de

---

1 desdecir a/c: widersprechen
2 la facultad: la universidad
3 fumar hierba: Gras rauchen
4 pegajoso/-a: klebrig
5 apremiante: drückend
6 la amargura: Bitterkeit

mezclilla[1] y una vieja polera[2] negra que dice en letras grandes y azules: Love sucks.

Unos escolares que hacen la cimarra[3] se acercan a pedirnos fuego. A esa edad yo no fumaba, me dice Claudia. Yo sí, le respondo. Le cuento que empecé a fumar a los doce años. A veces caminaba con mi padre y él encendía un cigarro y yo le decía que lo apagara, que le hacía mal, que se iba a morir de cáncer. Lo hacía para despistarlo[4], para que no sospechara que yo también fumaba, y él me miraba disculpándose y me explicaba que fumar era un vicio[5], y que los vicios demostraban la debilidad de los seres humanos. Me acuerdo de eso, me gustaba que de pronto se confesara débil, vulnerable[6].

En cambio yo vi fumar a mi padre solamente una vez, me dice Claudia mientras nos perdemos por el parque. Un día llegué más temprano del colegio y él estaba en el living conversando con mi madre. Me alegré mucho de verlo. Vivía esperando verlo. Mi papá me abrazó y tal vez el abrazo fue largo pero yo sentí que me soltaba[7] pronto, como si ese contacto fuera también ilícito[8]. Entonces me di cuenta de que tenía un cigarro prendido en la mano derecha. Eso me desconcertó. Me pareció que de verdad era otra persona. Que no fumaba Roberto, fumaba Raúl.

También fumó la noche del terremoto, con mi padre, le recuerdo. Creo que mi papá le ofreció al tuyo un cigarro y fumaron juntos, conversando.

¿En serio?, pregunta Claudia, incrédula, mientras se arregla el pelo[9]. No me acuerdo de eso. Pero me acuerdo de ti, dice.

---

1 la falda de mezclilla: *lat.am.* Jeansrock
2 la polera: *chil.* la camiseta
3 hacer la cimarra: *chil.* schwänzen
4 despistar a alg.: jdn. in die Irre führen
5 el vicio: la mala costumbre
6 vulnerable: verwundbar
7 soltar (o→ue) a alg.: jdn. loslassen
8 ilícito/-a: prohibido/-a
9 arreglarse el pelo: das Haar zu Recht machen

¿De verdad andabas buscando[1] a alguien para que espiara a tu padre?

No, dice ella. Yo no sabía que mi papá vivía allí. La situación fue muy equívoca. La noche del terremoto estaba sola con mi mamá, porque Ximena se había ido donde la abuela. Entonces Ximena pasaba mucho tiempo con la abuela, prácticamente vivía con ella. Se cayó una pandereta y se quebró el ventanal[2], no podíamos dormir ahí, recuerdo que nos desesperamos, salimos a caminar y yo no sabía que buscábamos a mi papá y que él también nos buscaba. No sé si tomamos caminos distintos o pasamos de largo. Cuando por fin lo vimos en una esquina no podía creerlo. Yo llevaba una linterna[3] pequeña, de juguete[4], que me habían regalado hacía años. Recuerdo que le alumbré la cara y vi sus ojos un poco húmedos. Nos abrazó y nos llevó a la fogata. Antes del amanecer partimos los tres a la casa de La Reina, en su auto.

El Fiat 500, le digo.

El Fiat 500, sí, responde.

A Claudia le impresionó mucho descubrir que su padre vivía cerca. Estaba harta de los secretos, y a la vez intuía[5] peligros numerosos, peligros enormes e imprecisos. Le gustó verme ahí, con los adultos, en torno a la fogata —guardabas silencio, observabas. Yo también era así, silenciosa. Empecé a seguirte sin un propósito claro y de a poco fui construyendo un plan.

Claudia tampoco sabía con precisión lo que espiaba, lo que quería saber. Pero cuando se enteró, a través de mí, de que Roberto escondía a gente en la casa, no se sorprendió.

¿Y creíste que tu padre tenía una amante?

No sabía qué creer. Cuando conversamos perdí el control, la verdad es que sabía muy poco sobre mi padre. Luego pensé que era Ximena. No calculé que ibas a seguirla de ese modo, pero me

---

1 andabas buscando a alg.: *hier* suchtest du jemanden
2 quebrar el ventanal: ein großes Fenster zerbrechen
3 la linterna: Taschenlampe
4 el juguete: Spielzeug
5 intuir a/c: *aquí* imaginarse

dio rabia saber que ella veía a mi papá más que yo. Que había un vínculo nuevo[1] y distinto entre ellos. Ella y mi papá, decíamos después, medio en broma, eran los revolucionarios. Mi mamá y yo, en cambio, éramos las reaccionarias. Podíamos bromear con eso, pero igual me dolía y supongo que incluso ahora me duele.

Cuando Ximena vio que un niño, que yo la seguía, no tuvo dudas de que su hermana me mandaba. Claudia se vio obligada a confesar que era ella quien me había pedido que espiara a su padre. La retaron primero enfática[2] y luego amorosamente[3]. Empezó una discusión en la que se culpaban unos a otros. Yo no quería ser la responsable de esos gritos, pero lo era, dice Claudia, y entonces hace una pausa larga y sin embargo vacilante. Durante diez minutos parece que está a punto de hablar y no se decide. Dice, finalmente: tengo muchísimas ganas de tomar helado de chocolate.

→ *Tareas A*

Llevamos una semana sin vernos pero la llamo a diario[4] y tengo la impresión de que Claudia espera esas llamadas. Una noche, muy tarde, es ella quien llama. Estoy afuera, dice. Ximena me echó[5]. Dice que la casa es suya. Que yo soy una extranjera y una puta[6].

Claudia llora con los gestos exactos de alguien que se esfuerza por evitar el llanto. La abrazo, le ofrezco un té y escuchamos música mientras pienso en los motivos que pudo tener Ximena para llamarla puta. Estoy a punto de preguntárselo pero prefiero callar. Le digo que puede quedarse conmigo, que sólo hay una cama pero yo puedo dormir en el sillón. Será por una noche, me responde. Pero quiero que durmamos juntos. Así mi hermana tendrá razón, seré una puta.

---

1 el vínculo nuevo: neuartige Verbindung
2 enfático/-a: insistente
3 amorosamente: → el amor
4 a diario: cada día
5 echar a alg.: jdn. hinauswerfen
6 la puta: *vulg.* Hure

Los ojos de Claudia se iluminan: recupera la risa, la belleza. Le ofrezco unos trozos de queso[1] y abro una botella de vino. Hablamos y bebemos por horas. Me gusta cómo se mueve por la casa. Ocupa el espacio como reconociéndolo. Cambia frecuentemente de silla, se pone de pie, de pronto se sienta en el suelo y se queda un rato con las manos en los tobillos.[2]

Le digo que me parece increíble que Ximena la haya echado.

No me echó, la verdad, me responde. Discutimos muy fuerte, pero podría haberme quedado en casa. Preferí irme, porque me cuesta mucho convivir con ella.

Le pregunto si Ximena siempre fue así. Me dice que no. Que la enfermedad de su padre la transformó. Que los últimos años lo abandonó todo para cuidarlo. Ahora que mi padre no está ella no sabe qué hacer, no sabe cómo vivir. Pero supongo que es más complejo que eso, dice Claudia, y mira la lámpara del living fijamente, como si siguiera el movimiento de una polilla[3].

Le pregunto por qué se fue a Estados Unidos. No lo sé, responde. Quería irme, quería salir. Mi padre también quería que me fuera, ya estaba enfermo entonces, pero prefería que me fuera, dice Claudia, retomando el tono de una confesión. Me apoyaba, sobre todo, ante los ataques de Ximena. Pero Ximena también quería que me fuera. De alguna manera fantaseaba con[4] este final: ella cuidando a mi padre hasta el último momento y yo regresando de prisa, llena de culpa, para su funeral[5].

No sé en qué momento, hace años, agrega Claudia, Ximena construyó esa versión en la que yo era la hermana mala que quería quitarle todo. Y tal vez es ya muy tarde para hacer las paces. Porque algo de razón tiene Ximena. Se quedó porque quiso quedarse. Pero

---

1   el trozo de queso: Käsewürfel
2   el tobillo: Knöchel
3   la polilla: Motte
4   fantasear con a/c: soñar (o→ue) con a/c
5   el funeral: el entierro

se quedó, dice Claudia. De alguna forma mi papá tuvo que elegir a cuál de sus hijas joderle la vida[1]. Y la eligió a ella. Y yo me salvé.

Le pregunto si en verdad está llena de culpa.

No siento culpa, responde. Pero siento esa falta de culpa como si fuera culpa.

¿Vas a volver a Estados Unidos?

Hace dos semanas, la tarde en que volvimos a vernos, Claudia me contó que había terminado un Master en Derecho Ambiental en Vermont, que prefería buscar trabajo allí, que vivía desde hacía tiempo con un novio argentino. Pero ahora tarda en responder.

A veces lo dudo, dice, al final. A veces pienso que debo regresar definitivamente a Chile, dice. Pienso que no sabe bien por qué lo dice. No le creo. Creo que Claudia no considera en serio la posibilidad de quedarse. Pienso que Claudia busca algo, simplemente, y apenas[2] lo encuentre regresará a Estados Unidos.

Luce[3] al mismo tiempo cansada y aliviada. Y está medio borracha. Mientras tiramos[4] sonríe mostrando un poco los dientes. Es un gesto hermoso y raro. Pienso que voy a recordar ese gesto. Que voy a extrañarlo[5].

Dormimos poco, dos o tres horas. Empieza el ruido de autos, de voces. La gente parte al trabajo, al colegio. Preparamos jugo de naranjas[6] y mientras desayunamos mira su correo en mi computador[7]. Encuentra un mensaje de Ximena. No voy a vender la casa, no incistas, dice, y Claudia no puede creerlo: dice incistas, con c, realmente. Por una milésima[8] de segundo piensa que es terrible que Ximena cometa esa clase de errores y enseguida se avergüenza, por-

---

1 joderle la vida a alg.: *hier* jdm. das Leben verderben
2 apenas: cuando
3 lucir: *aquí* parecer
4 tirar con alg.: *vulg.* es mit jdm. treiben
5 extrañar a/c: echar de menos a/c
6 el jugo de naranjas: *lat.am.* el zumo de naranjas
7 el computador: *lat.am.* el ordenador
8 la milésima: Bruchteil

que es todavía peor que, en esas circunstancias, le importe algo tan estúpido como una falta de ortografía.

La casa no está en venta, sigue Ximena. Es mi casa ahora. Ahora más que nunca, dice.

No voy a insistir, piensa Claudia: no tiene sentido insistir. En el fondo entiende que Ximena se aferre[1] a la casa. Cree que es mejor venderla y repartirse el dinero, cree que a nadie le hace bien tanta proximidad con el pasado. Que el pasado nunca deja de doler, pero podemos ayudarlo a encontrar un lugar distinto.

Pero tal vez es demasiado temprano para hablar de dolor, me dice, mientras miro el rastro[2] de vino en sus labios. De pronto me parece muy joven: veinticinco, veintiséis años, nunca más de treinta.

Voy a la universidad, dicto una clase[3] no muy buena, regreso. Había imaginado la escena, pero de todos modos me sorprende abrir la puerta y ver a Claudia tendida en el sillón. Tu belleza me hace bien, le digo, sin pensarlo demasiado. Me mira con cautela[4] y luego lanza una risotada[5], pero se acerca, me abraza y terminamos tirando de pie, en un rincón de la cocina.

Luego hacemos tallarines[6] y armamos[7] una salsa con un poco de crema y cebollines. La salsa queda un poco seca y en verdad ninguno de los dos tiene hambre.

A veces, al mirar la comida en el plato, me dice Claudia, recuerdo esa expresión, esa respuesta que mi madre y mi abuela me daban todo el tiempo: come y calla. Habían cocinado algo nuevo, un guiso[8] desconocido que no tenía buen aspecto y Claudia quería saber qué era. Su madre y su abuela respondían a coro: come y calla.

---

1 aferrarse a a/c: sich an etw. klammern
2 el rastro: Spur
3 dictar una clase: *hier* ein Seminar geben
4 con cautela: *hier* argwöhnisch
5 lanzar una risotada: reírse muy fuerte
6 el tallarín: Bandnudel
7 armar: *aquí* preparar
8 el guiso: el plato

Era una broma, claro, una broma sabia[1], incluso. Pero eso sentía Claudia cuando niña: que sucedían cosas raras, que convivían con el dolor, que guardaban difícilmente una tristeza larga e imprecisa, y sin embargo era mejor no hacer preguntas, porque preguntar era arriesgarse a que también le respondieran eso: come y calla.

Luego vino el tiempo de las preguntas. La década de los noventa fue el tiempo de las preguntas, piensa Claudia, y enseguida dice perdona, no quiero sonar como esos sociólogos medio charlatanes que a veces salen en la televisión, pero así fueron esos años: me sentaba durante horas a hablar con mis padres, les preguntaba detalles, los obligaba a recordar, y repetía luego esos recuerdos como si fueran propios; de una forma terrible y secreta, buscaba su lugar en esa historia.

No preguntábamos para saber, me dice Claudia mientras juntamos los platos y recogemos la mesa: preguntábamos para llenar un vacío.

A veces Ximena me recuerda a mi madre, dice Claudia mientras tomamos té. No es un parecido físico, realmente. Es la voz, el timbre de la voz[2], dice.

Piensa en esos momentos en que a su madre no le quedaba más remedio[3] que hablar. Buscaba a las niñas, se demoraba en las palabras[4], como sintonizando[5] de a poco un tono dulce y calmo, un tono cuidado, artificial. Entonces, como en una ceremonia, hablaba claro. Modulaba[6]. Miraba a los ojos.

Una tarde de 1984 les habló por separado. Llamó primero a Ximena a la cocina y cerró la puerta. Era extraño que la conversación tuviera lugar en la cocina. Se lo preguntó poco antes de que

---

1 sabio/-a: inteligente
2 el timbre de la voz: el sonido de la voz
3 no le quedaba más remedio: no tenía otra opción
4 se demoraba en las palabras: *etwa* sie zog die Wörter in die Länge
5 sintonizar a/c: *hier* einschlagen
6 modular: modulieren (den Klang der Stimme abwandeln)

muriera. Por qué esa tarde quisiste hablarnos en la cocina. No lo sé, dijo su madre. Tal vez porque estaba nerviosa.

La conversación con Ximena duró poco. Salió rápidamente, corrió al patio, Claudia no pudo verle la cara. A la luz de las circunstancias, los cinco años de diferencia entre las hermanas se volvían una distancia insalvable[1]. Era conflictiva[2] e irascible[3], pero al final siempre estaba del lado de los adultos, mientras que Claudia lo entendía todo a medias[4].

Enseguida fue mi turno, dice Claudia, y hace una pausa que parece dramática. Pienso que está a punto de quebrarse, pero no, necesita esa pausa, nada más. No recuerdo bien sus palabras, sigue. Supongo que me dijo la verdad o algo parecido a la verdad. Entendí que había gente buena y gente mala. Que nosotros éramos gente buena. Que la gente buena a veces era perseguida por pensar distinto. Por sus ideas. No sé si entonces yo sabía lo que era una idea, pero de alguna manera esa tarde lo supe.

Su madre le habló con un énfasis[5] suave, generoso: por un tiempo no puedes decirle papá a tu papá. Él va a cortarse el pelo como tu tío Raúl, va a quitarse la barba para parecerse un poco más a tu tío Raúl. Claudia no entendía, pero sabía que debía entender. Sabía que todos los demás, incluso su hermana, entendían más que ella. Y le dolía tener que aceptar. Le preguntó a su madre cuánto tiempo debía estar sin decirle papá a su papá. No lo sé. Tal vez poco tiempo. Tal vez mucho. Pero yo te prometo que vas a poder decirle papá de nuevo.

¿Me lo juras?, dijo Claudia, inesperadamente. En las familias católicas se jura, nosotros sólo prometemos, dijo su madre. Pero te lo prometo. Yo quiero que me lo jures, dijo la niña. Está bien, te lo juro, concedió[6] su madre. Y agregó que ella siempre sabría que ese

1 insalvable: unüberbrückbar
2 conflictivo/-a: *hier* widerspenstig
3 irascible: jähzornig
4 entender (e→ie) todo a medias: alles halb verstehen
5 el énfasis: Nachdruck
6 concederle a/c a alg.: jdm. etw. gewähren, *hier* eingestehen

hombre al que llamaba tío era su padre. Que bastaba con eso. Que eso era lo importante.

A comienzos de 1988 el padre de Claudia recuperó su identidad. Fue una decisión del partido. Con el plebiscito en la retina[1], necesitaban militantes comprometidos públicamente en tareas prácticas. Magali fue con sus dos hijas al aeropuerto. La situación era absurda. Hacía una semana Roberto había salido a Buenos Aires con la identidad de Raúl y regresaba ahora convertido en Roberto. Se había recortado un poco el pelo y las patillas[2] y vestía sobriamente[3], con blue jeans y una camisa blanca. Sonreía mucho y en algún minuto Claudia pensó que parecía un hombre nuevo.

  No era necesario que fingieran tanto pero su madre insistía: del mismo modo que antes la miraba con reprobación[4] cuando le decía papá, ahora la instaba[5], de forma casi ridícula, a que le dijera papá. En el avión venía gente que de verdad había estado exiliada. Claudia recuerda haber sentido una cierta amargura[6] al verlos abrazar a sus familias, llorar en esos abrazos largos, legítimos. Por un momento pensó, pero se arrepintió enseguida de ese pensamiento, que los demás también fingían. Que lo que recuperaban no era a las personas sino los nombres. Deshacían[7], por fin, esa distancia entre los cuerpos y los nombres. Pero no. Había alrededor emociones verdaderas. Y de vuelta a casa pensó que su emoción era también verdadera.

  Es una historia terrible, le digo, y me mira sorprendida. No, responde, y dice mi nombre varias veces, como si yo llevara mucho tiempo durmiendo y ella quisiera despertarme de a poco: mi historia no es terrible. Eso es lo que Ximena no entiende: que nuestra

---

1 en la retina: *aquí* con vistas a
2 la patilla: Koteletten
3 sobriamente: un estilo sencillo
4 con reprobación: vorwurfsvoll
5 instar a alg. a hacer a/c: insistir en
6 la amargura: Bitterkeit
7 deshacer la distancia: *hier* zusammenbringen

historia no es terrible. Que hubo dolor, que nunca olvidaremos ese dolor, pero tampoco podemos olvidar el dolor de los demás. Porque estábamos protegidas, finalmente; porque hubo otros que sufrieron más, que sufren más.

Caminamos por Avenida Grecia, pasamos por la Facultad de Filosofía y entonces recuerdo alguna historia o cientos de historias sobre ese tiempo, pero me siento un poco tonto, me parece que todo lo que puedo contar es intrascendente[1]. Llegamos al Estadio Nacional. El mayor centro de detención en 1973 siempre fue, para mí, nada más que una cancha de fútbol[2]. Mis primeros recuerdos son meramente[3] deportivos y alegres. Seguro que también, en las graderías[4] de ese estadio, tomé mis primeros helados.

El primer recuerdo de Claudia es también alegre. En 1977 se anunció que Chespirito, el comediante mexicano, vendría con todo el elenco[5] de su programa para dar un espectáculo en el Estadio Nacional. Claudia tenía entonces cuatro años, veía el programa y le gustaba mucho.

Sus padres se negaron, en principio, a llevarla, pero al final cedieron[6]. Fueron los cuatro y Claudia y Ximena lo pasaron muy bien. Muchos años más tarde Claudia supo que ese día había sido, para sus padres, un suplicio[7]. Que cada minuto habían pensado en lo absurdo que era ver el estadio lleno de gente riendo. Que durante todo el espectáculo ellos habían pensado solamente, obsesivamente, en los muertos.

De vez en cuando[8] Claudia me propone buscar un hotel o recurrir a alguna amiga[9], pero yo insisto en retenerla. No puedo ofrecerle

1 intrascendente: poco importante
2 la cancha de fútbol: el campo de fútbol
3 meramente: solamente
4 la gradería: Tribüne
5 el elenco: el equipo
6 ceder: nachgeben
7 el suplicio: la tortura
8 de vez en cuando: a veces
9 recurrir a una amiga: *aquí* alojarse en casa de una amiga

demasiado, pero a toda costa deseo que este tiempo continúe. Hay días menos buenos, confusos, pero suele darse una cierta agradable rutina. Por la mañana voy a la universidad mientras que Claudia sale a caminar o se queda en casa pensando, sobre todo, en el futuro. Por la tarde tiramos o vemos películas y la noche nos sorprende conversando y riendo.

Pienso que a veces ella siente el deseo de quedarse, de que la vida consista en esto, nada más. Es lo que yo quiero. Quiero hacerla desear una vida acá. Quiero enredarla de nuevo en el mundo del que ella ha huido. Quiero hacerla creer que ha huido, que ha forzado su historia para perderse en las convenciones de una vida cómoda y presuntamente[1] feliz. Quiero hacerla odiar ese futuro plácido[2] en Vermont. Me comporto, en resumen, como un imbécil[3].

Es mejor entender este tiempo como se entiende un anuncio breve en la cartelera del cable[4]: después de veinte años, dos amigos de infancia se reencuentran por azar[5] y se enamoran. Pero no somos amigos. Y no hay amor, en realidad. Dormimos juntos, tiramos maravillosamente bien y nunca voy a olvidar su cuerpo moreno, cálido y firme. Pero no es amor lo que nos une. O es amor, pero amor al recuerdo.

Nos une el deseo de recuperar las escenas de los personajes secundarios. Escenas razonablemente descartadas[6], innecesarias, que sin embargo coleccionamos incesantemente[7].

→ *Tareas B*

---

1 presuntamente: vermeintlich
2 plácido/-a: tranquilo/-a
3 imbécil: estúpido/-a
4 la cartelera de cable: *etwa* Programmheft des Kabelfernsehens
5 por azar: por casualidad
6 descartado/-a: *hier* verworfen
7 incesantemente: sin parar

Claudia insiste en que vayamos a Maipú. Dice que quiere conocer a mis padres. Que quiere caminar por estas calles de nuevo. No creo que sea una buena idea, pero acepto, finalmente.

En la plaza reconoce algunos monumentos, algunos árboles, la larga escalinata[1] que conduce a la piscina pública, pero no mucho más. Donde antes estaba el supermercado ahora hay un edificio municipal o algo así.

Enfilamos ahora hacia[2] la villa donde ella vivía. Han cerrado los pasajes con un vistoso portero eléctrico. Lucila Godoy Alcayaga y Neftalí Reyes Basoalto parecen ahora pasajes más exclusivos o al menos lo suficiente como para compartir la paranoia sobre la delincuencia. Se ven muchos autos estacionados al interior.

Logramos colarnos[3] después de unos niños que vienen en bicicleta. Claudia mira la casa en silencio un instante, pero luego toca el timbre. Estamos buscando a un gato, le dice a un hombre que sale con la camisa fuera del pantalón, como si hubiera estado desvistiéndose[4]. Claudia le explica que es un gato blanco con negro. El hombre la mira con curiosidad, seguramente la encuentra deseable[5]. No he visto a un gato en blanco y negro, yo veo en colores, dice, y pienso que hace muchos años que no escuchaba un chiste tan fome[6]. De todos modos reímos, nerviosos.

La casa es ahora de un extraño color damasco[7] y en vez de persianas[8] hay unas cortinas floreadas[9] horribles. Pero nunca fue una casa linda[10]; ni siquiera fue una verdadera casa, dice Claudia, con tranquila tristeza.

---

1 la escalinata: Freitreppe
2 enfilar hacia: sich begeben nach
3 colarse: durchschlüpfen
4 como si hubiera estado desvistiéndose: als ob er sich gerade ausgezogen hätte
5 deseable: → deseo → desear
6 fome: *chil.* aburrido/-a
7 de color damasco: aprikosenfarben
8 la persiana: Jalousie
9 la cortina floreada: Blümchenvorhang
10 lindo/-a: *lat.am.* bonito/-a

Decidimos irnos, pero no podemos salir. El portón eléctrico está cerrado, llamamos por el citófono[1] pero el hombre no contesta. Por un rato nos quedamos ahí, como melancólicos presos acariciando los barrotes[2]. Mientras tanto llamo a mis padres. Me esperan. Nos esperan.

Me sorprende ver en el living un mueble para libros. Está repleto[3]. Gracias a esta biblioteca tu madre se ha puesto a leer y yo también, aunque tú sabes que prefiero ver películas, dice mi padre. No mira a Claudia, pero es sumamente[4] cortés, cuidadoso[5].

La tarde se va en una conversación lenta que por momentos, al compás del[6] pisco sour, tiende a cobrar forma[7]. Queremos irnos, pero mi mamá empieza a preparar una cena con trozos de carne[8], papas duquesa[9] y una alternativa vegetariana. No soy vegetariana, dice Claudia cuando mi madre se lo pregunta. Qué raro, a mi hijo siempre le han gustado las vegetarianas, dice mamá. Me ofusco[10] pero lo dejo pasar, porque Claudia ríe con naturalidad, con calidez.

A pesar de esta broma, mis padres evitan preguntar detalles de la relación. Les dije por teléfono simplemente que iría acompañado. Supongo que les pareció curioso o agradable que quisiera presentarles a una novia. Me molesta que la situación pueda verse así: el hijo presentando a una novia. No es eso, no vinimos a eso. Tampoco sé a qué vinimos, pero no vinimos a eso.

---

1 el citófono: Gegensprechanlage
2 como melancólicos presos acariciando los barrotes: *etwa* wie melancholische Häftlinge beim Streicheln der Gitterstäbe
3 repleto/-a: lleno/-a
4 sumamente: muy
5 ciudadoso/-a: vorsichtig
6 al compás de: im Takt, *hier* beschwingt von
7 tiende a cobrar forma: allmählich an Fahrt aufnimmt
8 los trozos de carne: Geschnetzeltes
9 las papas duquesa: Herzoginnenkartoffeln
10 ofuscarse: *hier* peinlich sein

III. La literatura de los hijos **87**

Hablamos de una serie de robos recientes en la villa. Se rumorea que[1] el ladrón vive en el barrio. Que es uno de los niños que aquí crecieron. Uno que no prosperó[2]. Uno que siempre fue medio ladrón. Yo nunca he robado, dice mi padre, de pronto. Ni siquiera cuando niño. Eramos muy pobres, yo vendía verduras en la feria —mira a Claudia, consciente de que ha contado mil veces la historia de su niñez. Dice que ni siquiera en el máximo estado de desesperación robaría. Que tenía entonces amigos que robaban —eran mis amigos, yo los quería, pero espero que hayan terminado en la cárcel, dice. De otro modo no funciona la sociedad.

En qué momento, pienso, mi padre cambió tanto. Al pensarlo lo dudo: no sé si realmente ha cambiado o si siempre fue así. Yo he robado, he robado mucho, digo, para contrariarlo[3]. Al comienzo mi papá ríe. Claro, me sacabas plata[4] de la billetera, pero eso no es robar.

Eso es robar, respondo serio, sentencioso[5]. Robar al padre también es robar. Y además he robado libros. Una semana llegué a robar dieciocho libros —digo dieciocho para que suene excesivo y a la vez verosímil[6], pero fueron sólo tres y me sentí tan culpable que nunca más volví a entrar a esa librería. Pero mantengo lo dicho, no me retracto[7], y mi padre me mira con severidad. Me mira como un padre miraría a un hijo ladrón —un hijo ya perdido, en la cárcel, el día de visitas.

Mi mamá intenta distender[8] el ambiente. Quién no ha robado alguna vez, dice, y desliza[9] alguna anécdota de infancia, mirando a Claudia. Le pregunta si ha robado. Ella responde que no, pero que si estuviera desesperada tal vez lo haría.

1 se rumorea que: man munkelt, dass
2 uno que no prosperó: uno que no tuvo éxito
3 contrariar a alg.: molestar a alg.
4 la plata: *lat.am.* el dinero
5 sentencioso/-a: *etwa* unumstößlich
6 verosímil: creíble
7 no me retracto: ich bleibe dabei
8 distender (e→ie) a/c: etw. entspannen
9 deslizar a/c: *fig.* mencionar a/c

Claudia dice que le duele la cabeza. Le pido que se recueste[1]. Vamos a la pieza que era mía cuando niño. Armo el sofá cama, abrazo a Claudia, ella se tiende y cierra los ojos, sus párpados[2] tiemblan levemente. La beso, le prometo que en cuanto se sienta mejor nos iremos. No quiero que nos vayamos, me dice, inesperadamente. Quiero que nos quedemos aquí, me parece necesario que durmamos esta noche aquí, no me preguntes por qué, dice. Descubro entonces que no está enferma. Me siento confundido.

Me acerco al mueble pequeño donde están los viejos álbumes de fotografías familiares. Para eso sirven estos álbumes, pienso: para hacernos creer que fuimos felices cuando niños. Para demostrarnos que no queremos aceptar lo felices que fuimos. Paso las páginas lentamente. Le muestro a Claudia una foto muy antigua en que mi padre baja de un avión, con el pelo más bien largo y unos lentes muy gruesos[3] nublándole[4] los ojos.

Vuelve a la cena, me dice, me pide Claudia: quiero estar sola unas horas. No dice un rato o un poco. Dice que quiere estar sola unas horas.

Mi madre recalienta la comida en el microondas[5] mientras mi padre sintoniza la radio en busca de una estación de música clásica — nunca le ha gustado y sin embargo piensa que es la música adecuada para cenar. Se queda ahí, moviendo el dial[6], está molesto, no quiere mirarme. Siéntese[7], papá, estamos conversando, le digo con repentina[8] autoridad.

---

1 recostar (o→ue): acostar
2 el párpado: Augenlid
3 grueso/-a: dick
4 nublar a/c: *hier* verschleiern
5 el microondas: Mikrowelle
6 el dial: Senderknopf
7 siéntese: *lat.am.* siéntate (en algunas regiones de Latinoamérica se utiliza como forma de cortesía la tercera persona del singular, la de usted, en vez de tú)
8 repentino/-a: inesperado/-a

Mientras cenamos les pregunto a mis padres si recuerdan la noche del terremoto de 1985, si recuerdan al vecino Raúl. Mi madre confunde a los vecinos, a las familias, mientras que mi padre recuerda a Raúl con precisión. Entiendo que era democratacristiano, dice, aunque también se rumoreaba que era algo más que eso.

¿Cómo así?

No sé, parece que era socialista, o comunista, incluso.

¿Comunista como mi abuelo?

Mi papá no era comunista. Mi papá era un obrero[1], nada más. Raúl debe haber sido más peligroso.[2] Pero no, no lo sé. Se veía pacífico[3]. De cualquier manera, si Piñera[4] gana las elecciones se le va a acabar la fiesta[5]. Debe ser alguno de esos que se dieron la gran vida con estos gobiernos corruptos y desordenados.

Lo dice para provocarme. Yo lo dejo hablar. Lo dejo decir unas cuantas frases rudimentarias[6] y agrias[7]. Nos han metido la mano al bolsillo todos estos años, dice. Los de la Concertación[8] son una manga[9] de ladrones, dice. No le vendría mal a este país un poco de orden, dice. Y finalmente viene la frase temida y esperada, el límite que no puedo, que no voy a tolerar: Pinochet fue un dictador y todo eso, mató a alguna gente, pero al menos en ese tiempo había orden.

---

1 el obrero: Arbeiter
2 Raúl debe haber sido más peligroso: Raúl muss wohl gefährlicher gewesen sein
3 pacífico/-a: ≠ guerrero/-a
4 Sebastián Piñera (*1 de diciembre de 1946) empresario y político liberal-conservador chileno. Fue presidente de Chile desde 2010 hasta 2014.
5 se le va a acabar la fiesta: *etwa* wird das schöne Leben für seinesgleichen zu Ende sein
6 rudimentario/-a: kümmerlich
7 agrio/-a: bissig
8 la Concertación: la Concertación de Partidos por la Democracia fue una gran coalición política de partidos del centro y de la izquierda en Chile. Comenzó en 1988 como una gran coalición en oposición a la dictadura de Pinochet y se disolvió en 2013.
9 una manga de: un montón de

Lo miro a los ojos. En qué momento, pienso, en qué momento mi padre se convirtió en esto. ¿O siempre fue así? ¿Siempre fue así? Lo pienso con fuerza, con un dramatismo severo y doloroso: ¿siempre fue así?

Mi mamá no está de acuerdo con lo que ha dicho mi padre. En realidad está más o menos de acuerdo, pero quiere hacer algo para evitar que la velada[1] se arruine. Este mundo es mucho mejor, dice. Las cosas están bien. Y la Michelle[2] lo hace lo mejor que puede.

No puedo evitar preguntarle a mi padre si en esos años era o no pinochetista. Se lo he preguntado cientos de veces, desde la adolescencia, es casi una pregunta retórica, pero él nunca lo ha admitido —por qué no admitirlo, pienso, por qué negarlo tantos años, por qué negarlo todavía.

Mi padre guarda un silencio hosco[3] y profundo. Finalmente dice que no, que no era pinochetista, que aprendió desde niño que nadie iba a salvarlos.

¿A salvarnos de qué?

A salvarnos. A darnos de comer.

Pero usted tenía qué comer. Nosotros teníamos qué comer.

No se trata de eso, dice.

La conversación se vuelve insostenible[4]. Me levanto para ir donde Claudia. La miro intensamente, pero sigue pasando las páginas como si no advirtiera[5] mi presencia. Ha revisado ya la mitad de los álbumes. Su mirada absorbe, devora[6] las imágenes. A veces sonríe, a veces su rostro se vuelve tan serio que me invade[7] la tristeza. No, no siento tristeza: siento miedo.

1 la velada: la noche
2 Michelle Bachelet (*29 de septiembre de 1951): médica y política chilena del Partido Socialista. Fue presidenta de Chile desde 2006 hasta 2010 y desde 2014 hasta 2018.
3 hosco/-a: düster
4 insostenible: insoportable
5 advertir (e→ie): *aquí* darse cuenta
6 devorar a/c: etw. verschlingen
7 invadir: überkommen

Vuelvo a la cena, el helado de vainilla se derrite[1] en mi plato. Les cuento en voz baja pero muy rápido, tan rápido que los detalles se vuelven ininteligibles[2], que Claudia era hija de Raúl pero que durante años tuvo que fingir que era su sobrina. Que Raúl se llamaba, en realidad, Roberto. No sé qué espero al hablarles. Porque algo espero, algo busco.

Es una historia enredada[3] pero muy buena, dice mi papá, después de un silencio no tan largo.

¿Me está hueviando?[4] ¿Una buena historia? Es una historia dolorosa.

Es una historia dolorosa, pero ya pasó. Claudia está viva. Sus padres están vivos.

Sus padres están muertos, digo.

¿Los mató la dictadura?

No.

¿Y de qué murieron?

Su madre murió de un derrame cerebral[5] y su padre de cáncer.

Pobrecita Claudia, dice mi mamá.

Pero no murieron por razones políticas, dice mi padre.

Pero están muertos.

Pero tú estás vivo, dice él. Y te apuesto[6] que vas a contar esa historia tan buena en un libro.

No voy a escribir un libro sobre ellos. Voy a escribir un libro sobre ustedes[7], les digo, con una sonrisa extraña dibujada en la boca. No puedo creer lo que acaba de ocurrir. Me molesta ser el hijo que

---

[1] derretirse (e→i): zerlaufen
[2] ininteligible: incomprensible
[3] enredado/-a: complicado/-a
[4] ¿Me está hueviando?: *etwa* Spinnst du?
[5] el derrame cebral: Gehirnschlag
[6] te apuesto: ich wette
[7] ustedes: *lat.am.* vosotros/-as

vuelve a recriminar[1], una y otra vez, a sus padres. Pero no puedo evitarlo.

Miro a mi padre de frente y él esquiva la cara[2]. Entonces veo en su perfil[3] el brillo de un lente de contacto[4] y el ojo derecho levemente irritado. Recuerdo la escena, repetida innumerables veces durante la infancia: mi padre en cuclillas[5] buscando desesperado un lente de contacto que acababa de caérsele. Todos lo ayudábamos a buscar, pero él quería encontrarlo por sí mismo y le costaba enormemente.

Tal como Claudia quería, alojamos en casa de mis padres. A las dos de la mañana me levanto a preparar café. Mi mamá está en el living, bebiendo mate[6]. Me ofrece, acepto. Pienso que nunca en la vida he tomado mate con ella. No me gusta el sabor a endulzante[7] pero sorbo fuerte[8], me quemo un poco.

A mí me daba miedo, dice mi madre.

¿Quién?

Ricardo. Rodolfo.

Roberto.

Ese, Roberto. Yo intuía que estaba metido en política.

Todos estaban metidos en política, mamá. Usted también. Ustedes. Al no participar apoyaban a la dictadura —siento que en mi lenguaje hay ecos, hay vacíos. Me siento como hablando según un manual de comportamiento.

Pero nunca, ni tu padre ni yo, estuvimos a favor o en contra de Allende, o a favor o en contra de Pinochet.

¿Por qué le daba miedo Roberto?

---

1 recriminar a alg.: reprocharle a/c a alg.
2 esquivar la cara: sich abwenden
3 el perfil: Profil
4 el lente de contacto: Kontaktlinse
5 en cuclillas: kauernd
6 mate: un té de hierbas muy extendido en América del Sur.
7 el endulzante: Süßstoff
8 sorbo fuerte: *etwa* ich nehme einen kräftigen Schluck

Bueno, no sé si miedo. Pero ahora tú me dices que era un terrorista.

No era un terrorista. Escondía a gente, ayudaba a gente que corría peligro. Y ayudaba también a pasar información.

¿Y te parece poco?

Me parece lo mínimo que podía hacer.

Pero esas personas que escondía eran terroristas. Ponían bombas. Planificaban atentados. Eso es suficiente motivo para tener miedo.

Bueno, mamá, pero las dictaduras no caen así como así. Esa lucha era necesaria.

Qué sabes tú de esas cosas. Tú ni habías nacido cuando estaba Allende. Tú eras un crío[1] en esos años.

Muchas veces escuché esa frase. Tú ni siquiera habías nacido. Esta vez, sin embargo, no me duele. En cierto modo me da risa. Enseguida mi madre me pregunta, como si viniera a cuento[2]:

¿Te gusta Carla Guelfenbein?

No sé qué contestar. Respondo que no. No me gustan esos libros, esa clase de libros, digo.

Bueno, no nos gustan los mismos libros. A mí me gustó su novela, El revés del alma. Me sentí identificada con los personajes, me emocionó.

¿Y cómo es posible que se identifique con personajes de otra clase social, con conflictos que no son, que no podrían ser los conflictos de su vida, mamá?

Hablo en serio, muy en serio. Siento que no debería hablar tan en serio. Que no corresponde. Que no voy a solucionar nada enrostrando[3] a mis padres el pasado. Que no voy a sacar nada quitándole a mi mamá el derecho a opinar, con libertad, sobre un libro. Ella me mira con una mezcla de enojo y compasión. Con un poco de lata.

---

1 el crío: un niño pequeño
2 como si viniera a cuento: como si hubiera una relación
3 enrostrar a alg.: *lat.am.* reprocharle a/c a alg.

Te equivocas, me dice, tal vez ésa no es mi clase social, de acuerdo, pero las clases sociales han cambiado mucho, todo el mundo lo dice. Y al leer esa novela yo sentí que sí, que ésos sí eran mis problemas. Entiendo que te moleste lo que te digo, pero deberías ser un poco más tolerante.

Solamente dije que no me gustaba esa novela. Y que era raro que se sintiera identificada con personajes de otra clase social.

¿Y Claudia?

Claudia qué.

¿Claudia es de tu clase social? ¿De qué clase eres tú ahora? Ella vivió en Maipú, pero no era de acá. Se ve más refinada[1]. Tú también pareces más refinado que nosotros. Nadie diría que eres mi hijo.

Perdona, dice mi mamá antes de que pueda responder a esa pregunta que, en cualquier caso, no sabría responder. Me sirve más mate y enciende dos cigarros con la misma lumbre. Vamos a fumar aquí dentro, aunque a tu papá no le guste. Me pasa uno.

No es tu culpa, me dice. Te fuiste muy joven de casa, a los veintidós años.

A los veinte, mamá.

A los veinte, a los veintidós, da lo mismo. Muy joven. Yo a veces pienso cómo sería la vida si te hubieras quedado en casa. Algunos se quedaron. El niño ladrón, por ejemplo. Él se quedó acá y se convirtió en ladrón. Otros también se quedaron y ahora son ingenieros. Así es la vida: te conviertes en ladrón o en ingeniero. Pero yo no sé muy bien en qué te convertiste tú.

Yo tampoco sé en qué se convirtió mi padre, le digo, de forma más bien involuntaria.

Tu padre ha sido siempre un hombre que ama a su familia. Eso fue, eso es.

¿Y cómo habría sido la vida si me hubiera quedado, mamá?

No lo sé.

Habría sido peor, respondo.

---

1 refinado/-a: elegante

Mi madre asiente. Quizás es bueno que estemos menos cerca, dice. A mí me gusta cómo eres. Me gusta que defiendas tus ideas. Y me gusta esa niña, Claudia, para ti, aunque no sea de tu clase social.

Apaga la colilla[1] cuidadosamente y lava el cenicero[2] antes de irse a acostar. Me quedo en el living, fumando, un rato más. Abro la puerta y me siento en el umbral[3]. Quiero mirar la noche, buscar la luna, terminar a sorbos largos el whisky que acabo de servirme. Me apoyo en el auto de mis padres, una camioneta[4] nueva marca Hyundai. Suena la alarma, mi papá se levanta. Me parece conmovedor[5] verlo en pijama. Me pregunta si estoy borracho. Un poco, le respondo, con la voz apagada: sólo un poco.

Es muy tarde, las cinco de la mañana. Voy a la pieza. Claudia duerme, me echo a su lado, me muevo queriendo despertarla. No es un poco, solamente: estoy borracho. La oscuridad es casi completa y sin embargo siento su mirada en mi frente y en mi pecho. Me acaricia[6] el cuello, le muerdo un hombro. No podemos perder la oportunidad, me dice, de hacer el amor en casa de tus padres. Su cuerpo se mueve en la oscuridad mientras amanece.

A las ocho de la mañana decidimos partir. Voy a la habitación de mis padres a despedirme. Los veo dormir abrazados. La imagen me parece fuerte[7]. Siento pudor[8], alegría y desasosiego[9]. Pienso que son los hermosos sobrevivientes de un mundo perdido, de un mundo imposible. Mi papá despierta y me pide que espere. Quiere darme

---

1 la colilla: Zigarettenstummel
2 el cenicero: Aschenbecher
3 el umbral: Türschwelle
4 la camioneta: Kombi
5 me parece conmovedor/-a: *etwa* es berührt mich
6 acariciar a/c: etw. streicheln
7 la imagen me parece fuerte: *etwa* ein bewegender Anblick
8 sentir (e→ie) pudor: tener (e→ie) vergüenza
9 desasosiego: la inquietud

unas camisas que ha desechado[1]. Son seis, no parecen viejas, presiento[2] que me quedarán chicas[3] pero las recibo de todos modos.

Volvemos a casa y es como si regresáramos de una guerra, pero de una guerra que no ha terminado. Pienso que nos hemos convertido en desertores[4]. Pienso que nos hemos convertido en corresponsales[5], en turistas. Eso somos, pienso: turistas que alguna vez llegaron con sus mochilas, sus cámaras y sus cuadernos, dispuestos a pasar mucho tiempo agotando los ojos[6], pero que repentinamente[7] decidieron volver y mientras vuelven respiran un alivio largo.

Un alivio largo pero pasajero[8]. Porque en ese sentimiento hay inocencia y hay culpa, y aunque no podamos, aunque no sepamos hablar de inocencia o de culpa, dedicamos los días a repasar una lista larga que enumera lo que entonces, cuando niños, desconocíamos[9]. Es como si hubiéramos presenciado un crimen. No lo cometimos, solamente pasábamos por el lugar, pero arrancamos[10] porque sabemos que si nos encontraran nos culparían. Nos creemos inocentes, nos creemos culpables: no lo sabemos.

De vuelta en casa Claudia mira las camisas que mi padre me regaló. Durante muchos años no tuve ropa, dice de repente: primero usaba las cosas que dejaba Ximena y después los vestidos de mi madre. Cuando ella murió nos peleamos hasta el último trapo[11] y ahora que lo pienso quizás fue entonces cuando nuestra relación se estropeó definitivamente. Los trajes de mi padre, en cambio, siguen en el ropero[12] de la pieza, intactos, dice.

1 desechar a/c: etw. ablegen
2 presentir (e→ie) a/c: suponer a/c
3 chico/-a: pequeño/-a
4 el desertor: Deserteur/Fahnenflüchtiger
5 el corresponsal: Berichterstatter
6 dispuestos a pasar mucho tiempo agotando los ojos: *etwa* bereit, lange fortzubleiben und dabei schauen, was die Augen hergaben
7 repentinamente: de pronto
8 pasajero/-a: breve
9 desconocer a/c: ≠ saber
10 arrancar: *fam.* irse
11 el trapo: Fetzen
12 el ropero: el armario

Guardé las camisas de mi padre en un cajón durante meses. Entretanto han pasado muchas cosas. Entretanto Claudia se fue y yo empecé a escribir este libro.

Miro ahora esas camisas, las extiendo sobre la cama. Me gusta una en especial, color azul petróleo. Acabo de probármela, definitivamente me queda chica. Me miro en el espejo y pienso que la ropa de los padres debería siempre quedarnos grande. Pero pienso también que lo necesitaba; que a veces necesitamos vestirnos con la ropa de los padres y mirarnos largamente en el espejo.

Nunca hablamos con sinceridad sobre ese viaje a Maipú. Muchas veces quise saber qué había sentido Claudia, por qué había querido que alojáramos allí, pero cada vez que se lo preguntaba me respondía con evasivas[1] o con frases hechas. Vinieron luego unos días silenciosos y largos. Claudia se veía concentrada, atareada[2] y un poco tensa. No debería haberme sorprendido cuando me anunció su decisión. Se supone que esperaba el desenlace[3], se supone que no había otro desenlace posible.

He vuelto a ver a Ximena, me dijo primero, con alegría. Todavía no aceptaba que vendieran la casa pero habían reanudado[4] la relación y a Claudia eso le importaba mucho más que la herencia. Me contó que hablaron durante horas, sin agresiones de ninguna especie. Hace años, hace ya demasiados años, me dijo después, cambiando el tono de una manera que me pareció dolorosa, hace años descubrí que quería una vida normal. Que quería, sobre todo, estar tranquila. Ya viví las emociones, todas las emociones. Quiero una vida tranquila, simple. Una vida con paseos por el parque.

Pensé en esa frase medio casual, involuntaria: una vida con paseos por el parque. Pensé que también mi vida era de alguna forma una vida con paseos por el parque. Pero entendí lo que quería decir. Buscaba un paisaje propio, un parque nuevo. Una vida en que

---

1 con evasivas: ausweichend
2 atareado/-a: muy ocupado/-a
3 el desenlace: el fin
4 reanudar la relación: *etwa* wieder Kontakt aufnehmen

ya no fuera la hija o la hermana de nadie. Insistí, no sé por qué, no sé para qué. En este viaje has recuperado tu pasado, le dije.

No lo sé. Pero he aprovechado para contártelo. He vuelto a la infancia en un viaje que tal vez necesitaba. Pero no es bueno que nos engañemos. En ese tiempo, cuando niños, tú espiabas a mi padre porque querías estar conmigo. Ahora es igual. Me has escuchado solamente para verme. Sé que te importa mi historia, pero más te importa tu propia historia.

Pensé que era dura, que era injusta. Que decía palabras innecesarias. De pronto sentí rabia, sentí incluso un asomo de rencor[1]. Eres muy vanidosa[2], le dije.

Sí, respondió. Y tú también. Quieres que te apoye, que opine lo mismo que tú, como dos adolescentes que fuerzan coincidencias para estar juntos y estiran la mira[3] y mienten.

Recibí el golpe, tal vez lo merecía. Entiendo que te vayas, le dije. Santiago es más fuerte que tú. Y Chile es un país de mierda que va a gobernar un dueño de fundo[4] que va a llenarse la boca celebrando el bicentenario[5].

No me voy por eso, dijo, tajante[6].

Te vas porque estás enamorada de otro, repliqué[7], como si fuera un juego de adivinanzas. Pensé en su novio argentino y pensé también en Esteban, el joven rubio que la acompañaba en ese tiempo, en Maipú. Nunca le pregunté si era o no su novio. Quise preguntárselo ahora, a destiempo, torpe[8], infantilmente. Pero antes de que pudiera hacerlo ella respondió, con énfasis: no estoy enamorada de otro. Bebió un sorbo largo de café mientras pensaba en lo que iba

---

1 el asomo de rencor: Anflug von Groll
2 vanidoso/-a: arrogante
3 estirar la mira: *fig.* es mit der Wahrheit nicht zu genau nehmen.
4 el dueño de fundo: *chil.* Großgrundbesitzer
5 el bicentenario: Zweihundertjahrfeier
6 tajante: bissig
7 replicar: entgegnen
8 torpe: inhábil

a decir. No estoy enamorada de nadie, en realidad. Si de algo estoy segura, dijo, es de que no estoy enamorada de nadie.

Pero tal vez es mejor que lo entiendas así, agregó después, en un tono indefinible. Es más fácil entenderlo así. Es mejor pensar que todo esto ha sido una historia de amor.

→ *Tareas C*

Tareas A
1. Esboza un diagrama que muestre la verdadera estructura familiar de Claudia.
2. Explica por qué Roberto se llamaba Raúl en aquel entonces.
3. Examina con referencias textuales por qué Claudia hizo espiar a su padre.
4. Redacta una entrada en el diario de Claudia después de enterarse de la visita del narrador en casa de Ximena en la que se pregunta por qué este último quería hablarle y si debería llamarlo para quedar con él.

Tareas B
1. Presenta la vida de Claudia desde que dejó a su familia en Chile.
2. Explica por qué fue un suplicio para los padres de Claudia ver el Estadio Nacional lleno de gente riéndose.
3. Escribe un diálogo entre los padres de Claudia después de asistir al espectáculo en el Estadio Nacional en el que hablan de este día y sobre el futuro.

Tareas C
1. Resume los acontecimientos durante la visita de los padres en la casa del narrador.
2. Analiza los sentimientos del narrador frente a sus padres cuando hablan del pasado y da referencias textuales.
3. Comenta la frase del padre del narrador: "Pinochet fue un dictador y todo eso, mató a alguna gente, pero al menos en ese tiempo había orden." (p. 89, ll. 19–20)
4. Explica con referencias textuales por qué Claudia termina la relación con el narrador.

IV. Estamos bien

Esta tarde Eme aceptó, por fin, conocer el manuscrito. No quiso que le leyera en voz alta, como antes. Me pidió que imprimiera las páginas y se cubrió con la sábana[1] para leerlas en la cama, pero de pronto cambió de idea y empezó a vestirse. Prefiero irme a mi casa, dijo. Llevo mucho tiempo aquí, quiero dormir en mi cama esta noche.

La imagino leyendo, ahora, en esa casa suya a la que nunca me ha invitado. En esa cama que no conozco. Mi cama es también de ella, la elegimos juntos. Y las sábanas, las frazadas[2], el plumón[3]. Se lo dije antes de que se fuera, pero no esperaba su respuesta: para que esto funcione, me dijo, a veces debes pensar que acabamos de conocernos. Que nunca antes compartimos nada.

Me impresionó la mesura un poco forzada de su voz. Me habló como se habla a un hombre que reclama injustamente en la fila del supermercado. Todos tenemos prisa, señor. Sea paciente, espere su turno.

Espero mi turno, entonces, sentimental, civilizadamente.

*

A los veinte años, cuando acababa de irme de casa, trabajé un tiempo contando autos. Era un oficio simple y mal pagado, pero de alguna forma me gustaba quedarme en la esquina asignada y apuntar en la planilla[4] la cantidad de autos, de camionetas y de micros que pasaban cada hora. Me gustaba, sobre todo, hacer el turno de noche[5], aunque a veces me entraba el sueño y seguramente la ima-

1 la sábana: Bettlaken
2 la frazada: *lat.am.* Wolldecke
3 el plumón: Federbett
4 la planilla: Formular
5 el turno de noche: Nachtschicht

gen era absurda: un tipo joven, abstraído y ojeroso[1], en una esquina de Vicuña Mackenna, esperando nada, mirando de reojo[2] a otros jóvenes que regresaban a casa alardeando[3] de la borrachera[4].

Es de noche y escribo. Es mi trabajo ahora, o algo así. Pero mientras escribo pasan autos por la Avenida Echeñique y a veces me distraigo y empiezo a contarlos. En los últimos diez minutos han pasado catorce autos, tres camionetas y una moto. No alcanzo a saber si doblan en la esquina siguiente o siguen de largo. De un modo vago y melancólico pienso que me gustaría saberlo.

Pienso en el antiguo Peugeot 404. Mi padre solía dedicar los fines de semana a arreglarlo, aunque en realidad el auto nunca fallaba[5] —él mismo decía, con ese amor que sólo los hombres pueden sentir por los autos, que se portaba bien, que daba pocos problemas, y sin embargo se pasaba la vida afinándolo[6], cambiándole las bujías[7], o leyendo hasta tarde algún capítulo de Apunto, la enciclopedia del automóvil. Nunca he visto a alguien tan concentrado como mi padre esas noches de lectura.

Me parecía ridículo que le dedicara tanto tiempo al auto. Por lo demás, estaba obligado a ayudarlo —ayudarlo consistía en esperar, con una paciencia infinita, a que por fin dijera: pásame la llave inglesa. Después debía aguardar[8] a que me la devolviera y además escuchar largas explicaciones sobre mecánica que de ninguna manera me interesaban. Descubrí entonces cierto placer en el hecho de fingir que escuchaba a mi padre o a otros adultos. En asentir con la cabeza aguantando la semisonrisa de saberme pensando en otra cosa.

---

1 ojeroso/-a: → ojo, mit Augenringen
2 mirar de reojo: aus dem Augenwinkel schauen
3 alardeando: zur Schau stellend
4 la borrachera: → borracho/-a
5 fallar: ≠ funcionar
6 afinar a/c: *hier* herumtüfteln
7 la bujía: Zündkerze
8 aguardar a/c: esperar a/c

El destino de ese Peugeot fue horrible. Un viejo camión que entró contra el tránsito[1] lo chocó y mi papá estuvo a punto de morir. Recuerdo todavía cuando me mostró la marca que le dejó en el pecho el cinturón de seguridad. Me habló entonces sobre prudencia, sobre el sentido de las normas. De pronto se abrió la camisa para mostrarme la marca rojiza[2] dibujada con precisión en su pecho moreno. Si no me hubiera puesto el cinturón de seguridad estaría muerto, me dijo.

El Peugeot quedó hecho pedazos[3] y hubo que venderlo como chatarra[4]. Acompañé a mi padre al depósito de autos[5]. Desde entonces, cada vez que veo un Peugeot 404 recuerdo esa imagen ingrata. Y la marca, también, cuando íbamos a la piscina o a la playa. No me gustaba ver a mi padre en traje de baño. No me gustaba ver esa marca surcándole[6] el pecho, esa evidencia, esa banda horrible que quedó en su cuerpo para siempre.

*

Es extraño, es tonto pretender un relato genuino[7] sobre algo, sobre alguien, sobre cualquiera, incluso sobre uno mismo. Pero es necesario, también.

Son las cuatro de la mañana, no puedo dormir. Aguanto el insomnio contando autos y haciendo nuevas frases en el refrigerador:

> our perfect whisper
> another white prostitute
> understand strange picture
> almost black mouth

---

1 contra el tránsito: gegen die Fahrtrichtung
2 rojizo/-a: → rojo/-a
3 quedar hecho pedazos: *hier* ein Wrack
4 la chatarra: Schrott
5 el depósito de autos: *etwa* Autofriedhof
6 surcar: durchfurchen
7 genuino/-a: auténtico/-a

how imagine howl
naked girl long rhythm

Ésa es muy linda: naked girl long rhythm.

*

Llegué media hora antes, me senté en la terraza y pedí una copa de vino. Quería leer mientras esperaba a Eme, pero unos niños correteaban[1] peligrosamente alrededor y me costaba concentrarme. Deberían estar en el colegio, pensé, pero recordé que era sábado. Luego vi a sus madres en la mesa de la esquina, divertidas en una charla intrascendente.

Llegó tarde. Noté que estaba nerviosa, porque me dio una larga explicación por la demora[2], como si nunca antes hubiera llegado tarde. Pensé que no quería hablar de la novela. Entonces decidí preguntarle, sin más, qué le había parecido. Buscó el tono largo rato. Balbuceó. Intentó alguna broma que no entendí. La novela está bien, me dijo, finalmente. Es una novela.

¿Cómo?

Eso, que es una novela. Me gustó.

Pero no está terminada.

Pero la vas a terminar y estará bien.

Quería pedirle precisiones, preguntarle por algunos pasajes, por algunos personajes, pero no fue posible, porque una de las mujeres de la mesa de la esquina se acercó y saludó a Eme efusivamente. Soy la Pepi, le dijo, y se abrazaron. No sé si dijo Pepi o Pepa o Pupo o Papo, pero era un sobrenombre[3] de ese tipo. Nos presentó a sus hijos, que eran los más bulliciosos[4] del grupo. Eme pudo cortar[5] en ese punto la conversación, pero quiso seguir comentando con su

1 corretear: herumtollen
2 la demora: el retraso
3 el sobrenombre: Spitzname
4 bullicioso/-a: fuerte
5 cortar: schneiden, *aquí* terminar

antigua compañera la enorme coincidencia de encontrarse en ese restorán. No me pareció tan grande la coincidencia. Pepi o Pupi o Papi vive en La Reina al igual que Eme. Lo raro es que no se encontraran antes.

Me puse mal[1]. Pensé que Eme alargaba[2] intencionalmente la conversación. Que agradecía ese encuentro porque le permitía posponer[3] el momento en que debía darme una opinión real sobre el manuscrito. Luego se disculpó y me dijo que tenía que irse. Regresé a casa frustrado, enojado. Intenté seguir escribiendo, pero no pude.

*

De niño me gustaba la palabra apagón[4]. Mi madre nos buscaba, nos llevaba al living. Antes no había luz eléctrica, decía cuando encendía las velas. Me costaba imaginar un mundo sin lámparas, sin interruptores en las murallas.

Esas noches nos permitían quedarnos un rato conversando y mi madre solía contar el chiste de la vela inapagable. Era largo y fome, pero nos gustaba mucho: la familia trataba de apagar una vela para irse a dormir pero todos tenían la boca chueca[5]. Al final la abuela, que también tenía la boca chueca, apagaba la vela untándose los dedos con saliva[6].

Mi padre celebraba también el chiste. Estaban allí para que no tuviéramos miedo. Pero no teníamos miedo. Eran ellos los que tenían miedo.

De eso quiero hablar. De esa clase de recuerdos.

*

1 me puse mal: estuve enfadado
2 alargar: hacer más largo
3 posponer: verschieben
4 el apagón: el corte de luz
5 chueco/-a: *fam.* schief
6 la saliva: Speichel

Hoy me llamó mi amigo Pablo para leerme esta frase que encontró en un libro de Tim O'Brien: «Lo que se adhiere[1] a la memoria son esos pequeños fragmentos extraños que no tienen principio ni fin.»

Me quedé pensando en eso y me desvelé[2]. Es verdad. Recordamos más bien los ruidos de las imágenes. Y a veces, al escribir, limpiamos todo, como si de ese modo avanzáramos hacia algún lado. Deberíamos simplemente describir esos ruidos, esas manchas en la memoria. Esa selección arbitraria, nada más. Por eso mentimos tanto, al final. Por eso un libro es siempre el reverso[3] de otro libro inmenso y raro. Un libro ilegible y genuino que traducimos, que traicionamos[4] por el hábito de una prosa pasable.

Pienso en el comienzo bellísimo de Léxico familiar, la novela de Natalia Ginzburg: «Todos los lugares, hechos y personas que aparecen en este libro son reales. Nada es ficticio. Siempre que, debido a mi costumbre de novelista, inventaba algo, me sentía obligada a destruirlo.» Habría que ser capaz de eso. O de quedarse callado, simplemente.

*

Estoy en Las Cruces, disfrutando de la playa vacía, con Eme.

Por la mañana, echado en la arena, leí La promesa del alba[5], el libro de Romain Gary, donde aparece este párrafo preciso, oportuno: «No sé hablar del mar. Lo único que sé es que me libra[6] al momento de todas mis obligaciones. Cada vez que lo miro me convierto en un ahogado[7] feliz.»

Tampoco sé hablar del mar, aunque se supone que fue mi primer paisaje. Cuando tenía apenas dos meses de vida mi padre aceptó

---

1 adherir (e→ie): haften bleiben
2 desvelar a alg.: jdn. wachhalten
3 el reverso: Kehrseite
4 traicionar a alg.: jdn. verraten
5 el alba (f.): Tagesanbruch
6 librar a alg de a/c.: → libre, jdn. von etw. befreien
7 el ahogado: Ertrunkener

un trabajo en Valparaíso y nos fuimos al Cerro Alegre durante tres años. Pero mi primer recuerdo del mar es mucho más tardío, a los seis años tal vez, cuando ya vivíamos en Maipú. Recuerdo haber pensado, abrumado[1] y feliz, que era un espacio sin límites, que el mar era un lugar que continuaba, que seguía.

Hace un rato intenté escribir un poema llamado «Ahogados felices». No me resultó.

*

Volvimos en un auto que le prestaron a Eme. Manejé con tanta cautela que creo que ella tendía a desesperarse. Luego la acompañé, por primera vez, a su casa. Me impresionó ver sus cosas repartidas de otra manera. Reconocibles. No sé si me gustó dormir con ella ahí. Estuve todo el tiempo abrumado[2] por el deseo de registrar cada detalle.

Por la mañana compartimos un té con sus amigas. Era tal como Eme me lo había descrito. La casa es en realidad un inmenso taller[3]. Mientras Eme dibuja, sus compañeras —las ha nombrado muchas veces pero nunca puedo recordar sus nombres— hacen ropa y artesanías.

Cuando estaba a punto de irme Eme me preguntó si estaba escribiendo. No supe qué responderle.

De todos modos anoche escribí estos versos:

Es mejor no salir en ningún libro
Que las frases no quieran abrigarnos[4]
Una vida sin música y sin letra
Y un cielo sin las nubes que hay ahora.

---

1 abrumado/-a: *hier* bedrückt
2 abrumado/-a: *aquí* obsesionado/-a
3 el taller: Atelier
4 abrigar a alg.: → el abrigo, *aquí* proteger a alg.

*

La prosa me sale rara[1]. No encuentro el humor, la tesitura[2]. Pero suelto algunos endecasílabos y de pronto me dejo invadir por ese ritmo. Muevo los versos, confirmo y transgredo la cadencia[3], paso horas trabajando en el poema. Leo, en voz alta:

> Es mejor no salir en ningún libro
> Que las frases no quieran abrigarnos
> Una vida sin música y sin letra
> Y un cielo sin las nubes que hay ahora
> No sabes si regresan o se van
> Las nubes cuando cambian tantas veces
> De forma y pareciera que seguimos
> Habitando el lugar que abandonamos
> Cuando no conocíamos los nombres de los árboles
> Cuando no conocíamos los nombres de los pájaros
> Cuando el miedo era miedo y no existía
> El amor al miedo
> Ni el miedo al miedo
> Y el dolor era un libro interminable
> Que alguna vez hojeamos[4] por si acaso[5]
> Salían nuestros nombres al final.

*

Soñé que estaba borracho y bailaba una canción de Los Angeles Negros, «El tren hacia el olvido». De pronto aparecía Alejandra

---

1 la prosa me sale rara: *etwa* Prosa gelingt mir nicht gut
2 la tesitura: Stimmlage
3 confirmo y transgredo la cadencia: *etwa* mit dem Rhythmus und gegen den Rhythmus laufen
4 hojear a/c: einen Blick auf etw. werfen
5 por si acaso: en caso de

Costamagna[1] —estás muy curado[2], me decía, mejor te llevo a casa, dame la dirección. Pero yo había olvidado mi dirección y seguía bailando mientras intentaba recordarla. En el sueño tomaba piscola[3]; en el sueño me gustaba la piscola.

Alejandra bailaba conmigo pero era más bien una manera de ayudarme; me tambaleaba[4] indignamente, estaba a punto de caerme en medio de la pista. Pero no era la pista de una discotheque, era el living de la casa de alguien.

No somos amigos, le decía a Alejandra, en el sueño. Por qué me ayudas si no somos amigos.

Porque somos amigos, me respondía ella. Estás soñando y en el sueño piensas que no somos amigos. Pero somos amigos. Trata de despertar, me decía. Yo lo intentaba pero seguía en el sueño y empezaba a angustiarme.

Finalmente desperté. Eme dormía a mi lado. Reconocí, en la tele, las escenas finales de Chungking Express. Pensé que era absurdo que nos hubiéramos quedado dormidos viendo una película tan buena como Chungking Express.

Llamé a Alejandra, le conté el sueño, se rió. Me gusta «El tren hacia el olvido», me dijo. A mí también, pero me gusta mucho más «El rey y yo», le respondí. Me preguntó cómo iban las cosas con Eme. No lo sé, le respondí, instintivamente. Y es verdad, pienso ahora: no lo sé.

*

Hay dolor pero también hay felicidad al abandonar un libro. Me ha pasado así, al menos: primero el melodrama de haber perdido tantas noches en una pasión inútil. Pero luego, con el paso de los días, prevalece[5] un ligero viento favorable. Volvemos a sentirnos cómo-

---

1 Alejandra Costamagna (*23 de marzo de 1970): escritora y periodista chilena.
2 curado/-a: *lat.am.* borracho/-a
3 la piscola: un cóctel hecho de coca-cola y pisco
4 tambalearse: taumeln
5 prevalecer un ligero viento favorable: *hier* leichten Rückenwind bekommen

dos en esa habitación en que escribimos sin mayores planes, sin propósitos precisos.

Abandonamos un libro cuando comprendemos que no estaba para nosotros. De tanto querer leerlo[1] creímos que nos correspondía escribirlo. Estábamos cansados de esperar que alguien escribiera el libro que queríamos leer.

No pienso abandonar, sin embargo, mi novela. El silencio de Eme me hiere[2] y lo entiendo. La obligué a leer el manuscrito y ahora quiero obligarla a aceptarlo. Y el peso de su posible desaprobación me hace desear no haberlo escrito o abandonarlo. Pero no. No voy a abandonarlo.

*

Pienso en almorzar con mis padres, pero la perspectiva de verlos celebrando el triunfo de Piñera me desalienta[3]. Los llamo y les digo que no iré a votar. En la micro escucho canciones muy buenas pero de pronto la música, cualquier música, se me hace insoportable. Guardo los auriculares[4] y retomo la lectura de La promesa del alba. Me quedo clavado en esta frase: «En lugar de gritar, escribo libros.»

Voto con un sentimiento de pesadumbre[5], con muy poca fe. Sé que Sebastián Piñera ganará la primera vuelta y seguro que también ganará la segunda. Me parece horrible. Ya se ve que perdimos la memoria. Entregaremos plácida, cándidamente[6] el país a Piñera y al Opus Dei y a los Legionarios de Cristo.

Después de votar llamo a mi amigo Diego. Lo espero largo rato, sentado en el pasto[7] de la plaza, cerca de la piscina. Hacemos la caminata hacia el Templo de Maipú, pasamos por el sitio donde

---

1 de tanto querer leerlo: *etwa* wir wollten es so gerne lesen
2 herir (e→ie) a alg.: *aquí* causar daño moral
3 desalentarse (e→ie): desesperanzar
4 el auricular: Kopfhörer
5 un sentimiento de pesadumbre: deprimido/-a
6 cándidamente: *aquí* naíf
7 el pasto: la hierba

antes estaba el supermercado Toqui. Diego es de Iquique pero vive en Maipú desde hace diez años. Era buena la carne y la pastelería, le digo, y describo con detalles el supermercado. El me escucha respetuosamente, pero tal vez piensa que mi interés es absurdo, porque todos los supermercados son iguales.

Nunca había venido al Templo, dice Diego. Entramos en mitad de una de las tantas misas del domingo. No hay mucha gente. Nos sentamos cerca del altar. Miro las banderitas, las cuento. Nos sentamos, después, en las escaleras de la entrada, la misa se escucha por los altoparlantes[1] y conversamos mientras unos niños juegan a la pelota y cada tanto[2] la lanzan[3] cerca de nosotros. Me apuro[4] a devolverla, pero de pronto uno de ellos lanza fuerte y le pega[5] a Diego en la cara. Esperamos a que se disculpen o que al menos sonrían a manera de disculpa. No lo hacen. Me quedo con la pelota, los niños se acercan, me la quitan de las manos. Tengo rabia. Tengo ganas de retarlos. De criarlos[6].

Hablamos sobre Maipú, sobre la idea chilena de villa[7], tan distinta a lo que se entiende en Argentina o en España. El sueño de la clase media, pero de una clase media sin ritos[8], sin arraigo[9]. Le pregunto si se acuerda de una teleserie de Canal 13 que se llamaba «Villa Nápoli». Diego no se acuerda. A veces olvido que es mucho más joven que yo.

Hablamos sobre mi novela, pero también sobre la novela que Diego publicó hace poco y que leí semanas atrás. Le digo que me gusta, intento precisar por qué me gusta. Pienso en una escena en especial. El protagonista viaja a Buenos Aires con su padre y le pide

---

1. el altoparlante: *lat.am.* Lautsprecher
2. cada tanto: a veces
3. lanzar a/c: tirar a/c
4. apurarse a hacer a/c: *lat.am.* darse prisa
5. pegarle a alg.: *hier* dräschen
6. criar a alg.: jdn. erziehen
7. la idea chilena de villa: *etwa* das chilenische Siedlungsprojekt
8. el rito: *aquí* la tradición
9. el arraigo: Verwurzelung

un libro. El padre se lo compra y a manera de aprobación[1] lo abre y dice «es resistente».

Eso no lo inventaste, le digo. Esas cosas no se inventan. Diego ríe, moviendo la cabeza como si bailara heavy metal. No, no lo inventé, dice.

Luego vamos al departamento donde Diego vive con su madre, en Avenida Sur. Su madre se llama Cinthya. Comentamos los resultados, que a esa hora de la tarde ya son claros. Segunda vuelta, con enorme ventaja para Piñera.

Diego prepara la palta[2] y le pone aceite. Le digo que no es necesario echarle aceite. Mi padre siempre me retaba por eso, dice, y ríe. Al menos en eso tu padre tenía razón, le respondo, y río, también.

*

Pensé que bromeabas cuando decías que estabas escribiendo sobre mí, me dijo Eme, en el restorán. Me miró como buscando mi cara. Sentí que elegía con cuidado las palabras. Que se disponía a hablar. Pero se detuvo en una sonrisa.

Fuimos a comer sushi al lugar de siempre. La orden se demoraba más de la cuenta y recordé la escena del almuerzo, cuando niño —la angustia de irnos con los platos servidos. Es como en la novela, iba a decirle, pero ella me miró con apagada curiosidad. Ahora pienso que me miró con compasión. Entonces creí que empezaba el momento de la espera en que sólo es posible hablar de la espera. Pero ella comenzó otra conversación, con un tono que parecía haber pensado, que de seguro había ensayado largamente esos días.

Yo no he cambiado tanto, dijo. Y tú tampoco. Hace unas semanas te dije que debíamos fingir que acabábamos de conocernos. No entiendo muy bien lo que quise decirte. Pienso que en estos meses nos hemos reído de lo que éramos. Pero es falso. Seguimos siendo los que éramos. Ahora entendemos todo. Pero sabemos poco. Sabe-

---

1 a manera de aprobación: anerkennend
2 la palta: *chil.* aguacate

mos menos que antes —eso es bueno, dije yo, temeroso[1]: es bueno no saber, esperar nada más.

No. No es bueno. Sería bueno si fuera verdadero. Queremos estar juntos y para eso estamos incluso dispuestos a fingir. No hemos cambiado tanto como para volver a estar juntos. Y yo me pregunto si vamos a cambiar.

Comprendí lo que venía y me preparé. En las discusiones yo solía refugiarme en un cierto optimismo pero ella cerraba la cara y luego incluso el cuerpo para expulsarme. Siempre recuerdo ese dolor, una noche, hace años: en plena discusión comenzamos a acariciarnos y ella se puso encima de mí, pero en medio de la penetración[2] no pudo controlar la rabia que sentía y cerró la vagina por completo.

De pronto, inesperadamente, Eme comenzó a hablar sobre la novela. Le había gustado, pero durante toda la lectura no había podido evitar una sensación ambigua, una vacilación[3]. Has contado mi historia, me dijo, y debería agradecértelo, pero pienso que no, que preferiría que esa historia no la contara nadie. Le expliqué que no era exactamente su vida, que solamente había tomado algunas imágenes, algunos recuerdos que habíamos compartido. No des excusas, dijo: dejaste algunos billetes en la bodega pero igual robaste el banco, me dijo. Me pareció una metáfora tonta, vulgar.

Llegó el sushi, finalmente. Me concentré en el sashimi de salmón —comí con voracidad[4], unté cada trozo en demasiada soya y los pedazos de jengibre[5] y el abundante wasabi me incendiaban la boca. Era como si quisiera aplicarme un castigo absurdo[6] mientras pensaba que amaba a esa mujer, que era un amor pleno, no una forma desgastada[7] de amor. Que ella no era para mí un hábito,

---

1 temeroso/-a: → temer a/c
2 en medio de la penetración: *etwa* während ich eindrang
3 la vacilación: la duda
4 comer con voracidad: *etwa* gierig essen
5 el pedazo de jengibre: Ingwerstück
6 era como si quisiera aplicarme un castigo absurdo: es war, als ob ich mir eine unnütze Strafe auferlegen wollte
7 desgastado/-a: verblasst

un vicio[1] difícil de abandonar. Y sin embargo, a esas alturas[2], ya no estaba, ya no estoy dispuesto a luchar.

Comí el sushi, los pedazos que me correspondían y también los de ella, y cuando la bandeja[3] quedó vacía Eme me dijo, con sequedad[4], dejémoslo hasta aquí[5]. En eso llegó el administrador[6] y empezó una alargada disculpa que ninguno de los dos quería escuchar. Nos ofreció el café o los postres gratis, por cuenta de la casa, para compensar la espera. Lo escuchamos como ausentes. Respondimos mecánicamente que no importaba, que no se preocupara. Y nos fuimos, cada uno por su lado.

Al llegar a casa pensé en las palabras de Eme. Pensé que era cierto[7]. Que sabemos poco. Que antes sabíamos más, porque estábamos llenos de convicciones, de dogmas, de reglas. Que amábamos esas reglas. Que lo único que verdaderamente habíamos amado era ese puñado[8] absurdo de reglas. Y ahora entendemos todo. Entendemos, en especial, el fracaso.

Alone again (naturally). Lo que más me duele es el naturally. Vamos entonces, tú y yo, cada uno por su lado.

*

Hace unos días Eme me dejó una caja con los vecinos. Recién hoy me atreví a abrirla. Había dos chalecos[9], una bufanda, mis películas de Kaurismaki y Wes Anderson, mis discos de Tom Waits y Wu-Tang Clan, además de algunos libros que durante estos meses le presté. Entre ellos estaba también el ejemplar de El elogio de la sombra, el

---

1   el vicio: Laster
2   a esas alturas: en ese momento
3   la bandeja: objeto para servir
4   con sequedad: seco/-a
5   dejémoslo hasta aquí: *etwa* belassen wir es dabei
6   el administrador: Geschäftsführer
7   pensé que era cierto: *aquí* pensé que tenía razón
8   ese puñado: diese Handvoll
9   el chaleco: *chil.* jersey

ensayo de Tanizaki que le regalé hace años. No sé si por crueldad o por descuido lo incluyó[1] en la caja.

Nunca me dijo si lo había leído, por eso me sorprendió reconocer, ahora, en el libro, las marcas de un grueso destacador amarillo[2]. Solía molestarla por eso: sus libros lucían feos después de esa especie de batalla que era la lectura. Se diría que leía con la ansiedad[3] de quien memoriza fechas para un examen, pero no, se había acostumbrado, simplemente, a marcar las frases que le gustaban de esa manera.

Hablo en pasado de Eme. Es triste y fácil: ya no está. Pero también debería aprender a hablar en pasado de mí mismo.

*

Volví a la novela. Ensayo cambios. De primera a tercera persona, de tercera a primera, incluso a segunda.

Alejo y acerco al narrador. Y no avanzo. No voy a avanzar. Cambio de escenarios. Borro. Borro muchísimo. Veinte, treinta páginas. Me olvido de este libro. Me emborracho[4] de a poco, me quedo dormido.

Y luego, al despertar, escribo versos y descubro que eso era todo: recordar las imágenes en plenitud, sin composiciones de lugar, sin mayores escenarios. Conseguir una música genuina. Nada de novelas, nada de excusas.

Ensayo borrarlo todo y dejar que prevalezca[5] solamente este ritmo, estas palabras:

La mesa consumida por el fuego
Las marcas en el cuerpo de mi padre

---

1 incluir: agregar
2 las marcas de un grueso destacador amarillo: gelbe Spuren eines Textmarkers
3 la ansiedad: *hier* Hektik
4 emborracharse: → borracho/-a
5 prevelacer: überwiegen

La rápida confianza en los escombros[1]
Las frases en el muro de la infancia
El ruido de mis dedos vacilando
Tu ropa en los cajones de otra casa
El ruido interminable de los autos
La cálida esperanza de volver
Sin pasos sin camino de memoria
La larga convicción de que esperamos
Que nadie reconozca en nuestra cara
La cara que perdimos hace tiempo.

*

Semanas sin escribir en este diario. El verano entero, casi.

Estaba despierto, desvelado, escuchando a The Magnetic Fields, cuando empezó el terremoto. Me senté en el umbral[2] y pensé, con calma, con extraña serenidad, que era el fin del mundo. Es largo, pensé también. Alcancé a pensarlo muchas veces: fue largo.

Cuando por fin terminó me acerqué a los vecinos, un matrimonio y su hija pequeña, que seguían abrazados, tiritando[3]. Cómo están, les pregunté. Bien, respondió el vecino, un poco asustados nada más —y cómo están ustedes, me preguntó. Le respondí, sorprendido: estamos bien.

Llevo dos años viviendo solo y el vecino no se entera, pensé. Pensé también que ahora era yo el vecino solo, ahora yo era Raúl, yo era Roberto. Recordé, entonces, la novela. Creí, alarmado[4], que la historia terminaría de este modo: con esa casa de Maipú, la casa de mi niñez, destruida. ¿Qué me había llevado a narrar el terremoto de 1985? No lo sabía, no lo sé. Sé sin embargo que durante esa noche tan lejana pensé por primera vez en la muerte.

---

1 el escombro: Trümmer
2 el umbral: Türschwelle
3 tiritar: zittern
4 alarmado/-a: inquieto/-a

La muerte era entonces invisible para los niños como yo, que salíamos, que corríamos sin miedo por esos pasajes de fantasía, a salvo[1] de la historia. La noche del terremoto fue la primera vez que pensé que todo podía venirse abajo. Ahora creo que es bueno saberlo. Que es necesario recordarlo a cada instante.

Pasadas las cinco de la mañana salí a recorrer el barrio. Caminé muy lentamente, esperando la ayuda de las linternas que iban en desorden desde el suelo hasta las copas de los árboles[2] y las luces de los autos que colmaban[3], de pronto, el espacio. Los niños dormían o intentaban dormir echados en la vereda. La voz de un hombre aseguraba, de una esquina a otra, como un mantra: estamos bien, estamos bien.

Prendí la radio[4] del celular[5]. La información era todavía escasa. Comenzaba de a poco el inventario de muertes. Los locutores vacilaban e incluso uno dijo esta frase que, en tales circunstancias, era cómica: definitivamente esto ha sido un terremoto.

Llegué, al fin, cerca de la casa de Eme, y me quedé en la vereda a la espera de alguna señal. De pronto escuché su voz. Hablaba con sus amigas, me pareció que fumaban en el antejardín. Iba a acercarme pero pensé que me bastaba con eso, con saber que estaba a salvo. La sentía muy cerca, a pocos pasos, pero preferí irme de inmediato. Estamos bien, pensé, con un asomo raro de alegría.

Volví a casa al amanecer. Me impresionó la imagen, al entrar. Días atrás había ordenado los libros. Ahora conformaban una generosa ruina en el suelo. Lo mismo los platos y dos ventanales. La casa resistió, sin embargo.

Pensé en partir de inmediato a Maipú, pero poco antes de las nueve de la mañana pude comunicarme con mi madre. Estamos bien, dijo, y me pidió que no fuera a verlos, que era muy peligroso el

---

1 a salvo: protegido/-a
2 las copas de los árboles: Baumkronen
3 colmar: ocupar del todo un espacio
4 prender la radio: encender (e→ie) la radio
5 el celular: *lat.am.* el móvil

traslado[1]. Quédate ordenando tus libros, me dijo. No te preocupes por nosotros.

Pero voy a ir. Mañana temprano voy a verlos, voy a acompañarlos.

Es tarde. Escribo. La ciudad convalece[2] pero retoma de a poco el movimiento de una noche cualquiera al final del verano. Pienso ingenuamente[3], intensamente en el dolor. En la gente que murió hoy, en el sur. En los muertos de ayer, de mañana. Y en este oficio extraño, humilde y altivo[4], necesario e insuficiente: pasarse la vida mirando, escribiendo.

Después del Peugeot 404 mi padre tuvo un 504 azul pálido y luego un 505 plateado[5]. Ninguno de esos modelos circula ahora por la avenida.
    Miro los autos, cuento los autos. Me parece abrumador[6] pensar que en los asientos traseros[7] van niños durmiendo, y que cada uno de esos niños recordará, alguna vez, el antiguo auto en que hace años viajaba con sus padres.

Santiago, febrero de 2010

---

1   el traslado: el camino
2   convalecer: sich erholen
3   ingenuamente: naiv
4   altivo/-a: hochmütig
5   plateado/-a: silbern
6   abrumador: überwältigend
7   el asiento trasero: ≠ el asiento delantero

Tareas
1. Resume la trama del capítulo sin entrar en detalles.
2. Analiza la evolución de los títulos.
3. Analiza con referencias textuales la reacción de Eme acerca del manuscrito de la novela (p. 112, l. 13 – p. 114, l. 18).
4. Discute el título de la novela tomando en consideración otros títulos posibles. Explica también el título de la edición en alemán: *Die Erfindung der Kindheit.*

ANEXO

Opfer der Colonia Dignidad
„Das waren wahnsinnige Schreie"

Die Sekte Colonia Dignidad galt lange als deutsches Idyll in Chile. Tatsächlich war die Siedlung unter ihrem Anführer Paul Schäfer ein Schauplatz von Folter, Mord und Missbrauch. Viele der Verbrecher kamen ohne Strafe davon.

Abends, gegen acht, hörte er die Motorengeräusche. Dann wusste er, dass es wieder losging. Dass die nächsten Opfer an der Reihe waren. Dass er sich die Bettdecke fest über den Kopf ziehen konnte und sie trotzdem schreien hören würde, direkt unter seinem Schlafraum, in einer unterirdischen, geheimen Folterzelle. Zwei, drei unendlich lange Stunden. Nacht für Nacht, monatelang.

„Das waren wahnsinnige Schreie", sagt Georg Laube vier Jahrzehnte später über seine Zeit in der Sekte Colonia Dignidad, einer berüchtigten deutschen Siedlung in Chile. Immer wieder sagt er „wahnsinnig", er dehnt das Wort in die Länge, als könnte er damit das Unfassbare besser beschreiben. Doch es fehlen die passenden Worte für den Terror, den er 1973 als zwölfjähriger Junge miterleben musste.

„Das war unglaublich schlimm, ich hatte so ein Mitleid", sagt Laube; man spürt seine Hilflosigkeit. Er musste zuhören und konnte nichts machen. Nur eine Betondecke trennte ihn von den Folteropfern - verschleppte Regimegegner des chilenischen Diktators Augusto Pinochet. „Irgendwann wurden die Schreie leiser oder endeten abrupt. Dann dachte ich: Ist der jetzt tot? Kommt er in den Himmel oder die Hölle?"

Dieser Gedanke, er war ein Triumph für Paul Schäfer - den ehemaligen Jugendpfleger mit dem Glasauge, der als Sektenführer der Colonia Dignidad für die Folterungen verantwortlich war und auch Laube jahrelang folterte: mit Schlägen, Psychopharmaka, Elektroschocks, sexuellem Missbrauch. Ein Triumph, weil Laube selbst in Todesangst noch in religiösen Kategorien wie Himmel und Hölle dachte - genauso wie Schäfer es ihm und allen anderen eingepflanzt hatte.

Der Sektenchef wollte entwurzelte Menschen

Dabei hätte Laube, 54, den Sektenchef längst gedanklich in die Hölle schicken können. Dafür, dass Schäfer ihn seit seinem siebten Lebensjahr gezwungen hatte, in sein Bett zu kriechen und dort Dinge zu tun, die bis heute bei ihm Ekel hervorrufen. Aber Schäfer war in der Sekte gottgleich. Er nannte sich Pius, der Fromme, wie zwölf Päpste, und „Tio permanente", der ewige Onkel. Für alle Grausamkeiten, die Laube durchleiden musste, fühlte er sich selbst schuldig: Sünden, Gottes Strafe, Gottes Prüfung, „und all dieser Scheiß, der uns eingetrichtert wurde", sagt Laube [...].

Wer dennoch floh, wurde mit Spürhunden gehetzt, gefangen, gefoltert. Schon Kinder machte Schäfer zu Spitzeln. Je mehr er wusste, desto besser konnte er manipulieren. Opfer berichteten später übereinstimmend von seinem untrüglichen Gespür, wer der Schwächste war - und wann Zweifel aufkamen. [...]

Beste Kontakte nach Deutschland

Pinochet hatte, auch mit Hilfe des CIA, den sozialistischen Präsidenten Salvador Allende gestürzt. Er ließ Zehntausende foltern, ermorden oder verschwinden - auch in der Colonia Dignidad. Denn Schäfer ging mit den neuen Machthabern einen Pakt ein, der ihn über Jahrzehnte nahezu unangreifbar machen sollte: Er ließ nicht nur Pinochets Feinde foltern und gliederte sie später in die Sekte ein, sondern lieferte dank seiner guten Kontakte nach Deutschland und zu CSU-Politikern auch Waffen, darunter Raketenwerfer, Minen, Sprengstoff und Senfgas. Dazu konstruierte er eine unterirdische Parallelwelt aus Bunkern, geheimen Telefonzentralen und Abhöranlagen. Ermittler fanden später auch so seltsame Utensilien wie schießfähige Spazierstöcke oder ein Teleobjektiv für Giftpfeile.

Nach außen aber war die Colonia Dignidad eine landwirtschaftliche Mustersiedlung, in der die etwa 350 Bewohner deutsches Vollkornbrot backten und deutsche Wurst räucherten. Die frommen Deutschen arbeiteten auf den Feldern, in der Schlosserei, der Nähstube, der Tischlerei oder dem modernsten Krankenhaus der Region. Mädchen trugen auf öffentlichen Feiern Dirndl, Jungs Lederhosen; sie tanzten ausgelassen zu bayerischer Volksmusik.

In Wahrheit diente das vermeintliche Idyll von Beginn an als Tarnung. Schäfer war in der Bundesrepublik nach dem Zweiten Weltkrieg wegen sexueller Übergriffe aufgefallen und als evangelischer Jugendpfleger entlassen worden. Als Laienprediger in Siegburg hatte er bald einige Hundert Anhänger um sich geschart, meist Baptisten. Auch hier verging er sich an Jungen […].

Heute ist die Kolonie eine Touristenattraktion

Manche Zeitzeugen weinten in den Gesprächen, nur um sich beim nächsten Treffen wieder völlig verschlossen zu verhalten. „Da war etwa dieser Mann, der mit seinem Traktor die Folteropfer in die Berge brachte und verscharrte", erzählt Gallenberger. Die Toten waren in Leinentücher gewickelt. „Er sagte, er habe nicht gewusst, was in den Tüchern ist. Ich glaube, er wusste es - und gleichzeitig war seine innere Selbsttäuschung so perfekt, dass er es wirklich nicht wusste. Es sind diese Mechanismen, die dazu führen, dass sich viele bis heute lieber einen oberflächlichen Frieden als eine wirkliche Aufarbeitung der Vergangenheit wünschen."

Schäfer, 2005 auf der Flucht gefasst und 2010 im Gefängnis gestorben, wurde zwar wie einige Mittäter verurteilt. Aber viele Schuldige blieben von der Justiz unbehelligt, in Deutschland werden die Verbrechen erst jetzt juristisch aufgearbeitet […].

Umso unverständlicher […], dass auf diesem belasteten Gelände, das heute „Villa Baviera" heißt, 2012 ein Hotel für Touristen eröffnet wurde. „Im Saal, in dem heute das Restaurant ist, hat Schäfer uns durchgeprügelt, und ich habe mich vor Angst zugepinkelt. Nebenan hat er Kinder vergewaltigt. Und dort finden jetzt Hochzeiten statt!"

Er findet nur eine Erklärung: Schäfer sei zwar tot - aber seine alte Strategie, der Welt eine falsche Normalität vorzugaukeln, sie lebe weiter.

15.02.16, Spiegel Online, http://www.spiegel.de/einestages/
colonia-dignidad-in-chile-das-grauenvolle-regime-der-sekte-a-1076894.html,
von Christoph Gunkel

Mediación

Un amigo chileno prepara un blog sobre el tema "Las víctimas olvidadas de la dictadura militar en Chile" para enfocar la inhumanidad del régimen de Pinochet y las personas que apoyaron a la dictadura chilena. Tu amigo ha encontrado en la revista *Der Spiegel* este artículo y te pide ayuda (Tarea 1).
«O si te atreves, puedes escribir tú la entrada para mi blog.» (Tarea 2)

Tareas
1. Presenta a tu amigo las circunstancias de la vida de Georg Laube en la Colonia Dignidad. Pon de relieve la relación entre la Colonia Dignidad y la dictadura militar de Augusto Pinochet.
2. Redacta una entrada para el blog de tu amigo en la que comentas la relación entre la Colonia Dignidad y la dictatura militar de Augusto Pinochet.